高职高专"十三五"规划教材

汽车零部件识图习题集

张正祥　等编著

化学工业出版社

·北京·

本习题集与《汽车零部件识图》教材配套，同时出版内容体系与编排顺序与教材保持一致。习题集遵循"识图为主、读画结合、以画促读"的原则，大量运用判断、选择、填空和改错等题型，期望帮助学习者在有限时间内，获得更多的信息，训练识读汽车零部件图的能力。

为方便教学，本书配套习题参考答案等，可登录化学工业出版社教学资源网www.cipedu.com.cn免费下载或发送邮件到hqlbook@126.com索取。

本书可作为高职高专院校、成人高校、中等职业院校汽车类专业教材，也可供其他工程类专业学生使用，并可作为工程技术人员培训用书或参考书。

图书在版编目（CIP）数据

汽车零部件识图习题集/张正祥等编著. —北京：化学工业出版社，2017.10（2025.2重印）
高职高专"十三五"规划教材
ISBN 978-7-122-30589-3

Ⅰ.①汽… Ⅱ.①张… Ⅲ.①汽车-零部件-机械图-识别-高等职业教育-习题集 Ⅳ.①U463-44

中国版本图书馆CIP数据核字（2017）第221030号

责任编辑：韩庆利　甘九林　　　　　　　　　　　装帧设计：史利平
责任校对：宋　夏

出版发行：化学工业出版社（北京市东城区青年湖南街13号　邮政编码100011）
印　　装：涿州市般润文化传播有限公司
787mm×1092mm　1/16　印张7½　字数185千字　2025年2月北京第1版第4次印刷

购书咨询：010-64518888　　　　　　　　　　　售后服务：010-64518899
网　　址：http://www.cip.com.cn
凡购买本书，如有缺损质量问题，本社销售中心负责调换。

定　价：20.00元　　　　　　　　　　　　　　　　　　　版权所有　违者必究

前　　言

　　本习题集与李年芬、刘晓军主编的《汽车零部件识图》教材配套使用，"汽车零部件识图"课程的主要任务是培养学生具有绘制简单零件图和识读汽车零、部件图的能力，为学习"汽车发动机构造与维修"、"汽车底盘构造与维修"等课程打下基础。

　　编写本习题集时，充分考虑汽车检测与维修等相关专业人才培养目标，遵循"识图为主、读画结合、以画促读"的原则，大量运用判断、选择、填空和改错等题型，期望帮助学习者在有限时间内，获得更多的信息，训练读者识读汽车零部件图的能力。

　　编写本习题集时，所纳入的题目经过反复斟酌、精心挑选。基础部分从易到难、从小到大、从局部到整体，符合教育教学规律。识图部分（零件图和装配图）力求做到贴近专业特色，融入汽车零部件图例，增加钣金图和焊接图习题训练，为后续专业课的学习奠定基础。

　　为方便教学，本书配套习题参考答案等，免费提供给用本书作为授课教材的院校，可登录化学工业出版社教学资源网 www.cipedu.com.cn 免费下载或发送邮件到 hqlbook@126.com 索取。

　　本书主要由鄂州职业大学机械工程学院张正祥、李年芬、程敏编著，聊城职业技术学院刘晓军、安徽工商职业学院朱炼、四川化工职业技术学院张良勇也参加了部分内容的编写。在编著过程中得到机械工程学院领导的支持，在此表示衷心感谢！

编　者

目　　录

第 1 章　识图的基本知识 …………………………………………………………… 1

第 2 章　点、直线和平面的投影 …………………………………………………… 9

第 3 章　基本几何体 ………………………………………………………………… 16

第 4 章　组合体 ……………………………………………………………………… 26

第 5 章　机件的基本表示方法 ……………………………………………………… 44

第 6 章　标准件与常用件表示法 …………………………………………………… 64

第 7 章　读零件图 …………………………………………………………………… 77

第 8 章　读装配图 …………………………………………………………………… 92

第 9 章　钣金图与焊接图 …………………………………………………………… 109

参考文献 ……………………………………………………………………………… 116

1-2 字体练习（一）

箱体座齿轮蜗杆螺母钉键销滚动轴承支架弹簧油泵球阀钢

锥斜度技术要求拉钩工作原理序号名称材料件数备注代号

东北工学院机械系材料自控无线电计算机钢冶管理工程热能应用采矿矿建选矿机制

第 1 章 识图的基本知识

1-1 线型练习	班级		姓名	

抄绘下图，并标注尺寸，比例 1∶1。

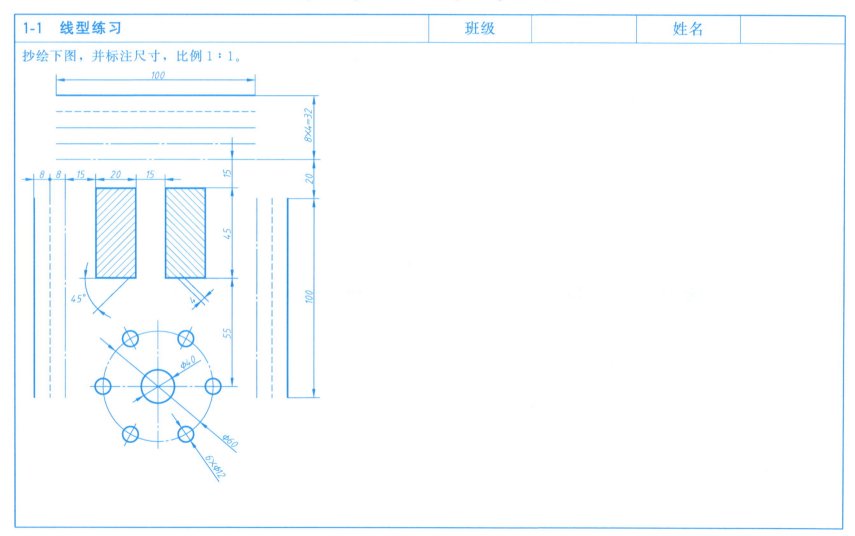

1-2 字体练习（二）　　　　　　　　　班级　　　　　姓名

1234567890Rφ

1-2　字体练习（三）　　班级　　　姓名

ABCDEFGHIJKLMNOPQRSTUVWXYZ

abcdefghijklmnopqrstuvwxyz

| | 班级 | | 姓名 | |

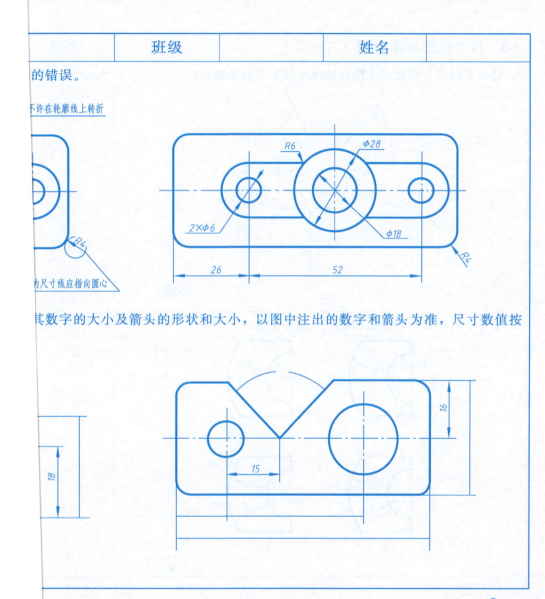

1-3　尺寸标注基本规则（二）

3. 指出下列哪个线性尺寸标注的尺寸数字方向是错误的。

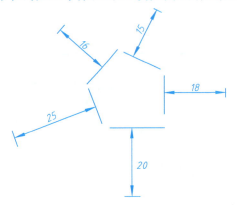

答案：（　）

4. 指出下列图中哪个弦长的标注是正确的。

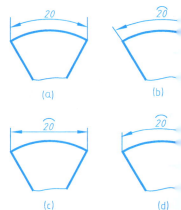

5. 指出下列图中半径的标注哪一个图是正确的。

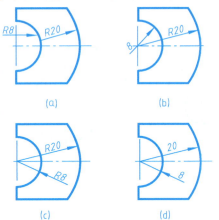

答案：（　）

6. 下图箭头所指处存在错误，指出正确的答

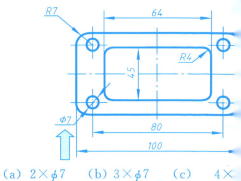

（a） 2×φ7　（b） 3×φ7　（c） 4×

| 1-3 尺寸标注基本规则（三） | 班级 | 姓名 |

7. 标注下列圆的直径尺寸，尺寸数字从图中量取，并取整数。

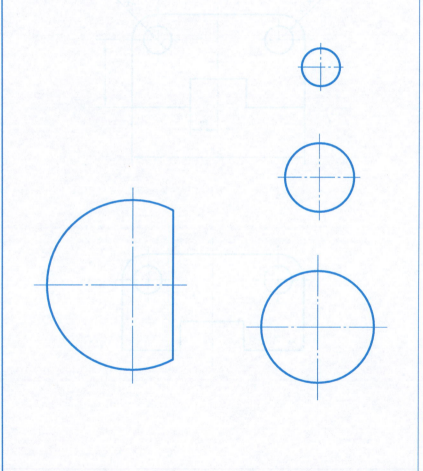

8. 标注平面图形的尺寸，尺寸数字从图中量取，并取整数。

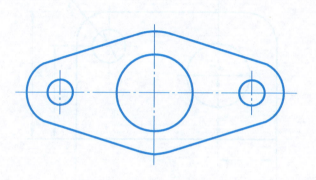

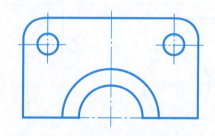

| 1-3　尺寸标注基本规则（四） | 班级 | | 姓名 | |

9. 找出图中尺寸注法错误，将正确的尺寸标注在下方图中。

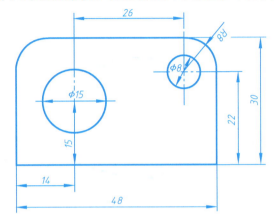

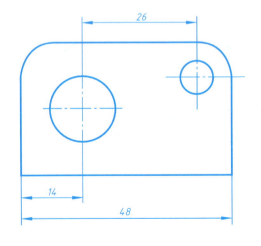

10. 找出图中尺寸注法错误，将正确的尺寸标注在下方图中。

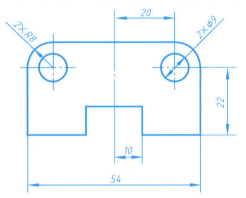

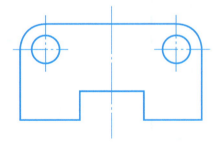

第 2 章 点、直线和平面的投影

2-1 点的投影（一）

1. 根据立体的轴测图及其在三投影面体系中所处的位置，画出它的三视图，并回答问题。

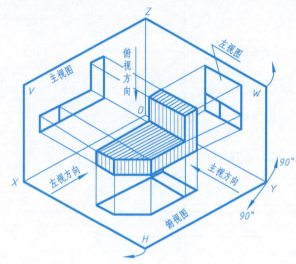

写出视图间的三等关系

主、俯视图_____

主、左视图_____

俯、左视图_____

视图所反应物体的方位关系

主视图反映物体的_____和_____；

左视图反映物体的_____和_____；

俯视图反映物体的_____和_____。

俯、左视图远离主视图的一边，表示物体的_____面；靠近主视图的一边，表示物体的_____面。

2-1 点的投影（二）

| | 班级 | | 姓名 | |

2. 已知 A、B、C 各点对投影面的距离，作各点的三面投影。

	距 H 面	距 V 面	距 W 面
A	20	10	15
B	0	20	0
C	30	0	25

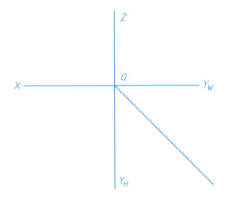

3. 已知点的坐标，作点的三面投影。

(1) A (25, 10, 20)、B (10, 20, 20)

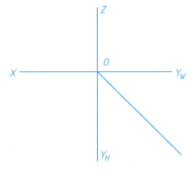

(2) C (20, 15, 25)、B (20, 10, 15)

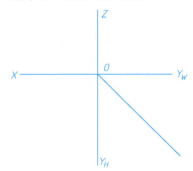

2-2 直线的投影（一）   班级___ 姓名___

1. 根据下列直线的两面投影，判断直线对投影面的相对位置（填空），作出直线的第三投影，并在直观图中标出对应直线的题号（填空）和符号。

(1) 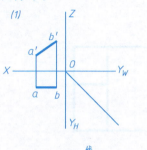　(2) 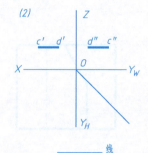　(3) 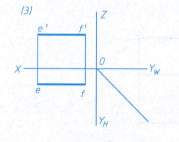　(4)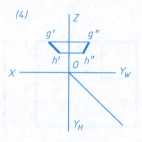

_____线　　　_____线　　　_____线　　　_____线

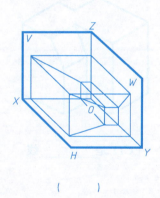　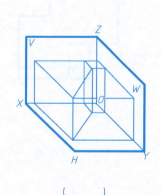　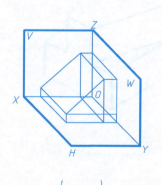　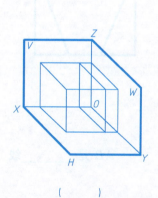

(　　)　　　(　　)　　　(　　)　　　(　　)

2-2 直线的投影（二）

2. 注出直线 AB、CD 的另两面投影符号，在立体图中标出 A、B、C、D，并填空说明其空间位置。

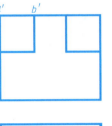
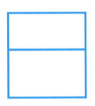
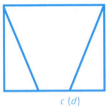

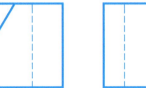
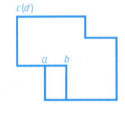

AB 是_____线　　CD 是_____线　　　　　　　　　　AB 是_____线　　CD 是_____线

2-3 平面的投影（一）

1. 根据平面的三面投影，判断其空间位置并填空。

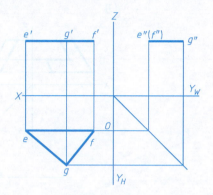

平面 EFG 对 H 面____，对 V、W 面____，是____面

2. 根据平面的三面投影，判断其空间位置并填空。

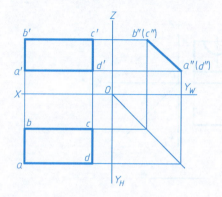

平面 ABCD 对 W 面____，对 H、V 面____，是____面

3. 根据平面的三面投影，判断其空间位置并填空。

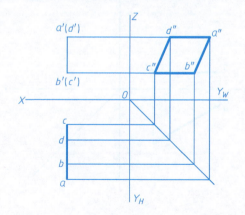

平面 ABCD 对 W 面____，对 H、V 面____，是____面

4. 根据平面的三面投影，判断其空间位置并填空。

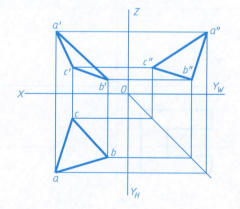

平面 ABC 对 H、V、W 面____，是____面

2-3 平面的投影（二）

5. 根据平面图形的两个投影，求作它的第三投影，并判断平面的空间位置。

(1)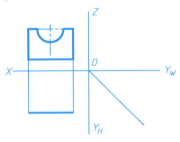

_____面

(2)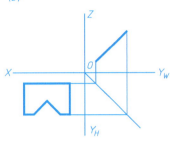

_____面

(3)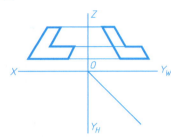

_____面

6. 已知正垂面 P 与 H 面倾角为 30°，作出 V、W 面投影。

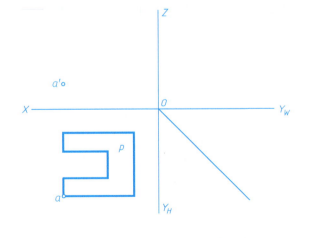

7. 包含直线 AB 作一个正方形，使它垂直于 H 面。

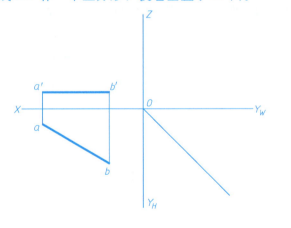

2-3 平面的投影（三）

班级　　　　　姓名

8. 注全平面 P、Q 和直线 AB、CD 的三面投影，并根据它们对投影面的相对位置填空。

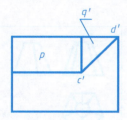 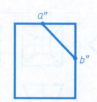 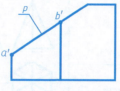 

 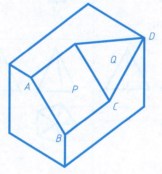 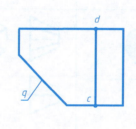 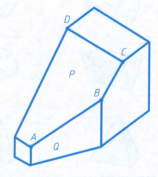

　　　AB 是_____线，CD 是_____线　　　　　　　　AB 是_____线，CD 是_____线
　　　P 面是_____面，Q 面是_____面　　　　　　　P 面是_____面，Q 面是_____面

第3章 基本几何体

3-1 平面立体（一）

班级　　　　　姓名

1. 根据三视图找出相应的立体图。

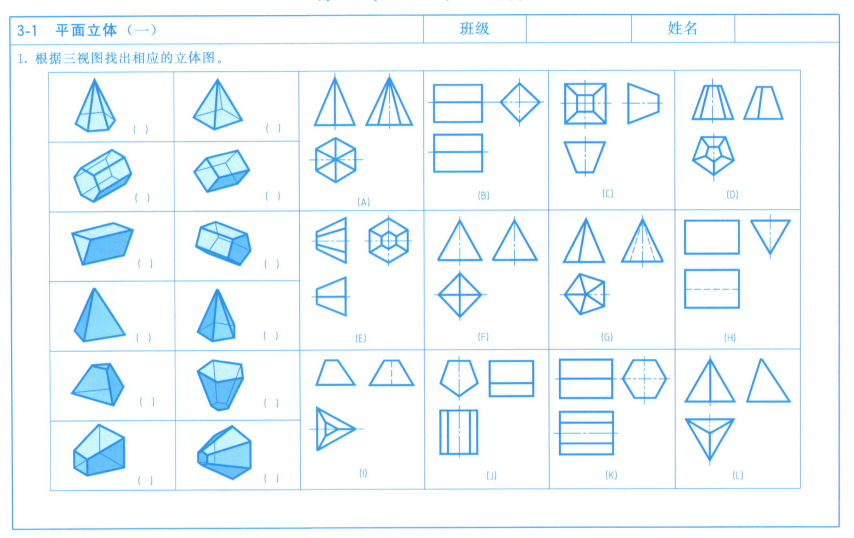

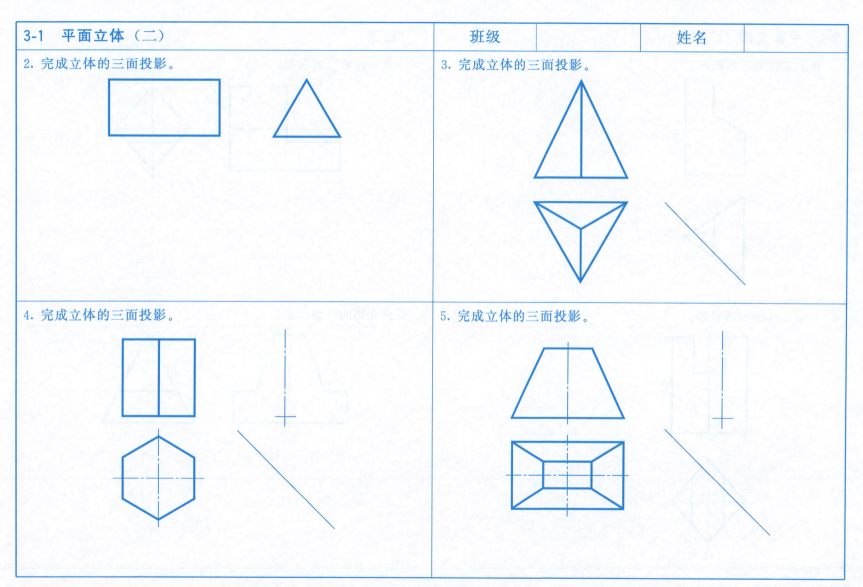

3-1 平面立体（三） 班级 姓名

6. 补全立体的三面投影。

7. 补全立体的三面投影。

8. 补全立体的三面投影。

9. 补全立体的三面投影。

3-2 曲面立体（一）　　　　班级　　　　姓名

1. 根据三视图找出相应的立体图。

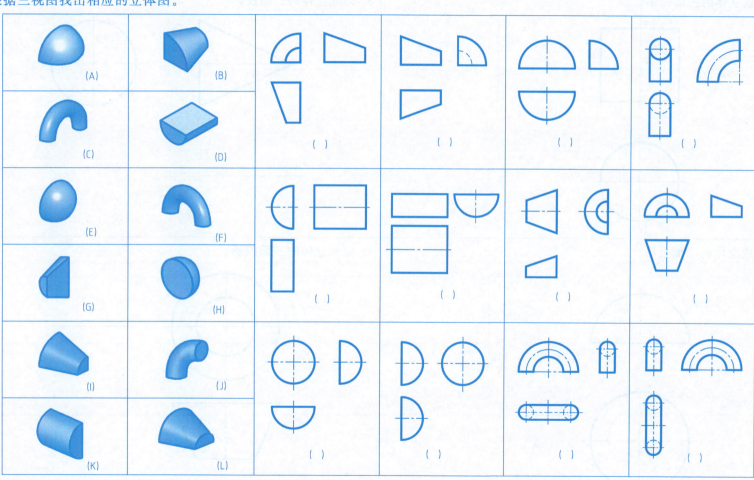

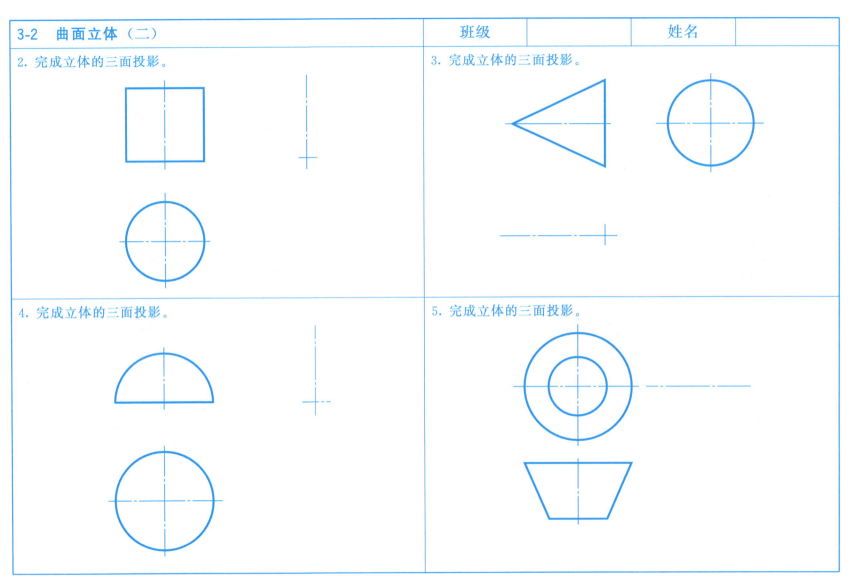

3-2 曲面立体（三）　　　　班级　　　　姓名

6. 完成立体的三面投影。

7. 完成立体的三面投影。

8. 完成立体的三面投影。

9. 完成立体的三面投影。

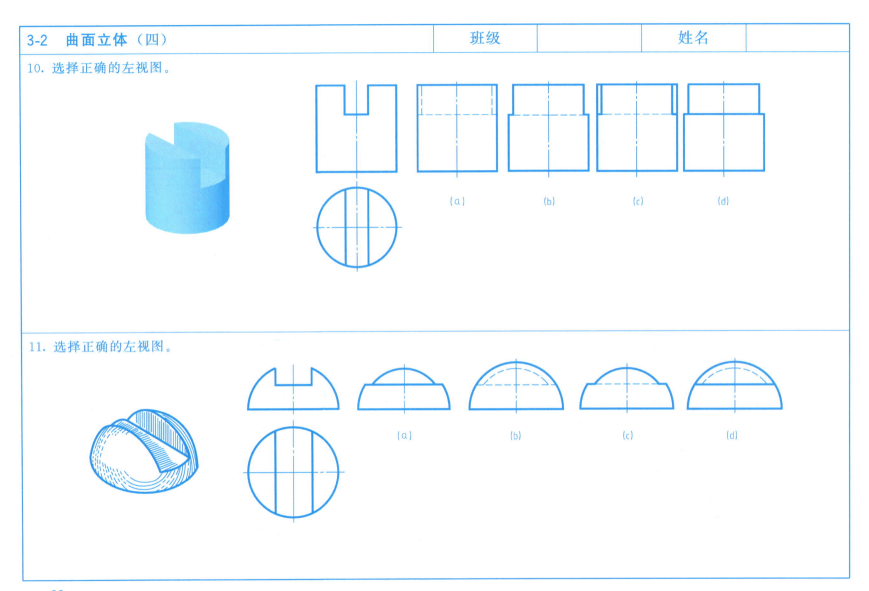

3-3 立体相交（一）

1. 完成立体的各个投影。

2. 完成立体的各个投影。

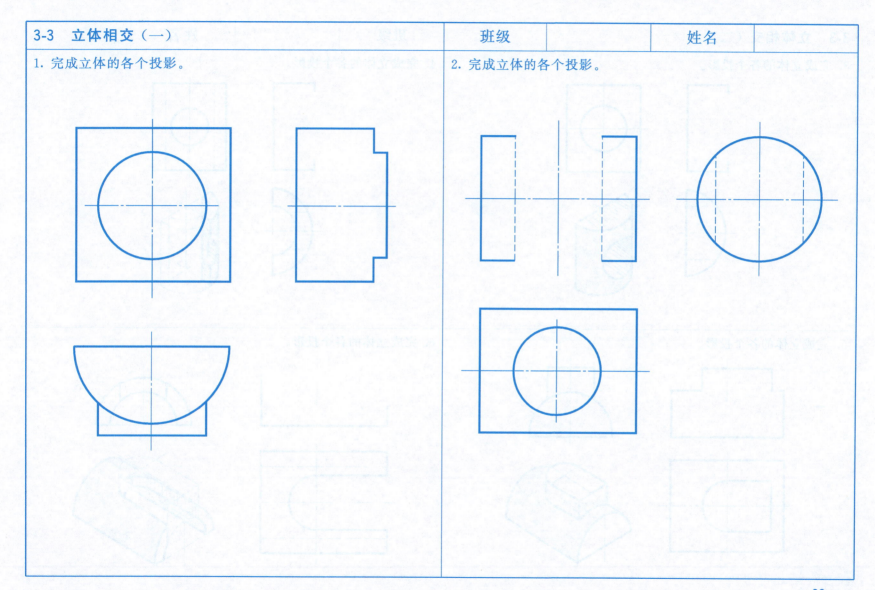

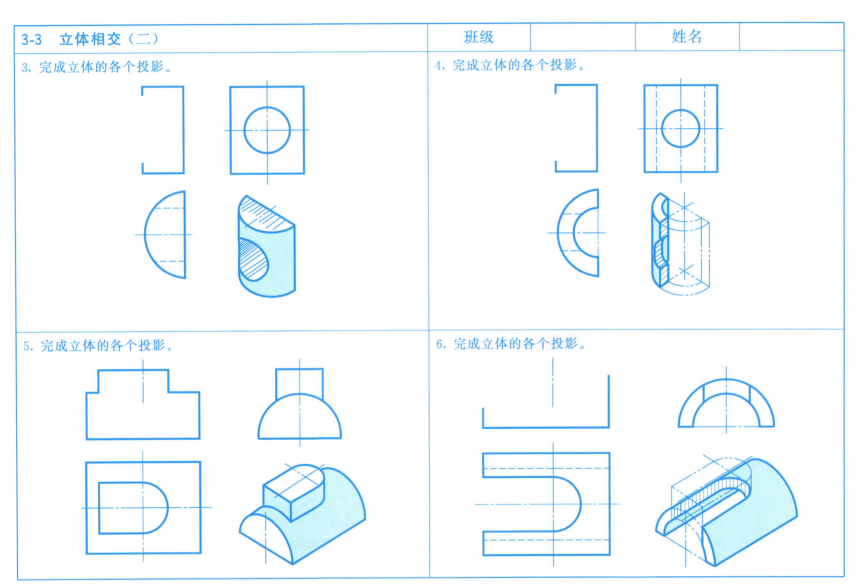

3-3 立体相交（三）

班级　　　　姓名

7. 完成立体的各个投影。

8. 完成立体的各个投影。

第 4 章 组 合 体

4-1 组合体（一）

1. 根据立体图找出相应的三视图。

4-1 组合体（二）

班级　　　　　　姓名

2. 找出与右边立体图相对应物体的三视图，并填写序号。

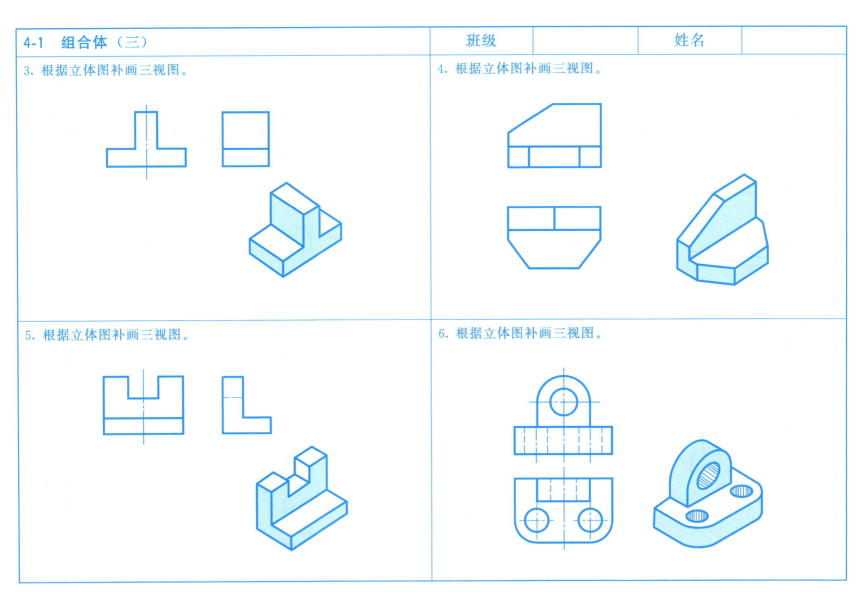

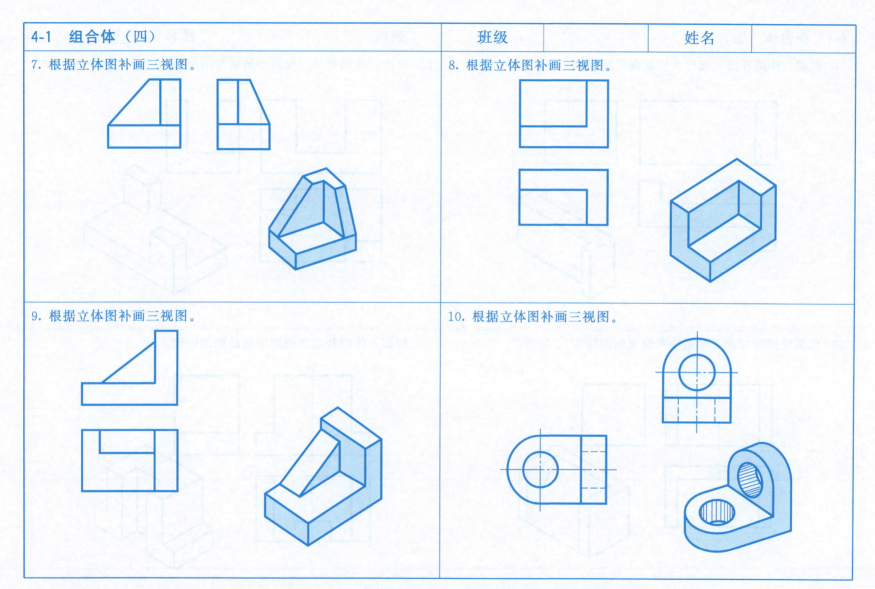

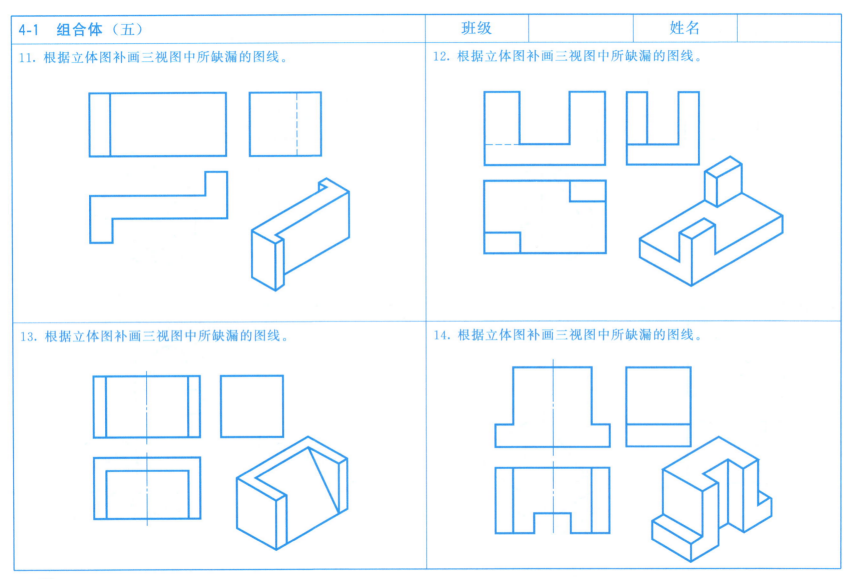

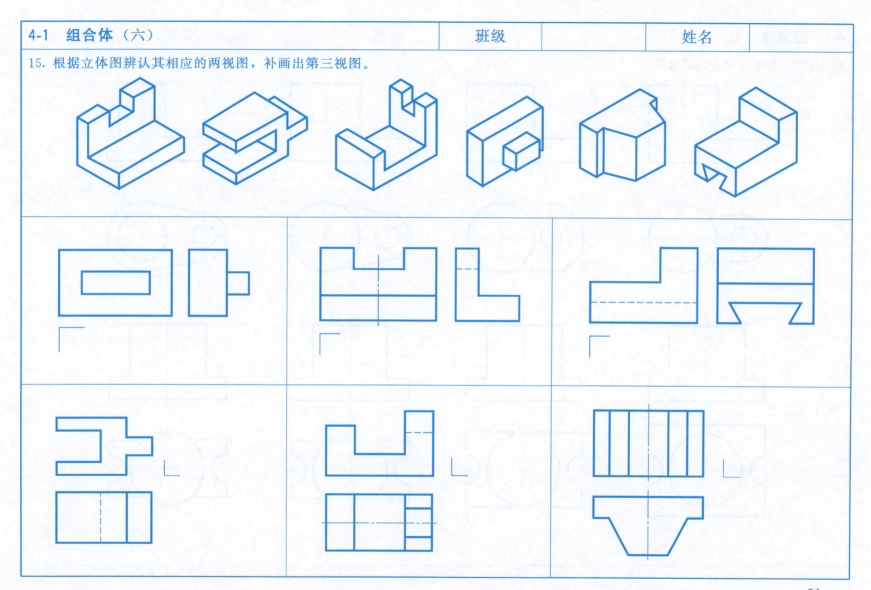

4-1 组合体（七）

16. 补画下列组合体表面的交线。

4-1 组合体（八）　　　　班级　　　　　姓名

17. 根据立体图，画组合体三视图的徒手草图。

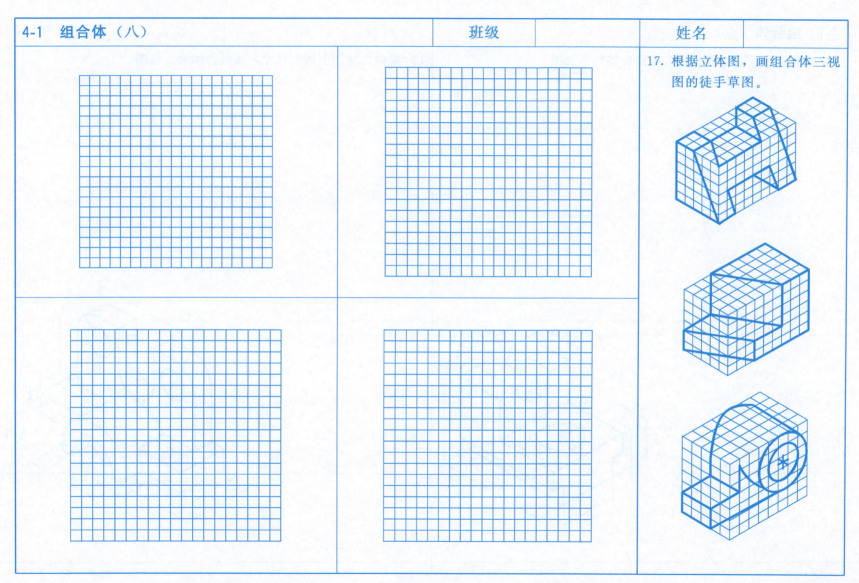

| 4-1　组合体（九） | 班级 | | 姓名 | |

18. 根据立体图上所注尺寸，画组合体的三视图。

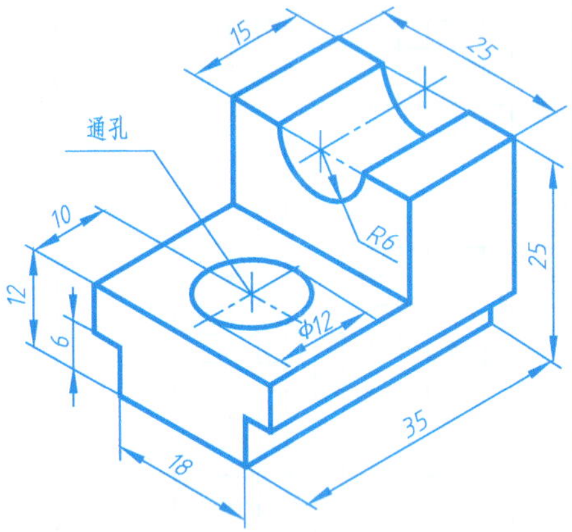

19. 根据立体图上所注尺寸，画组合体的三视图。

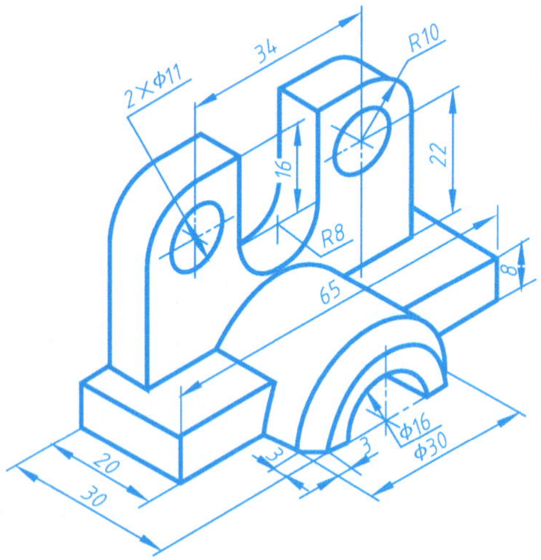

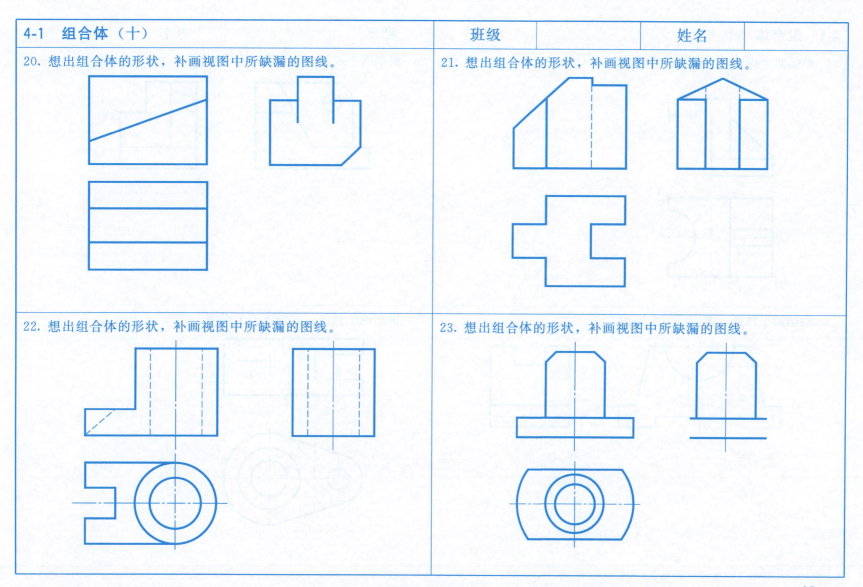

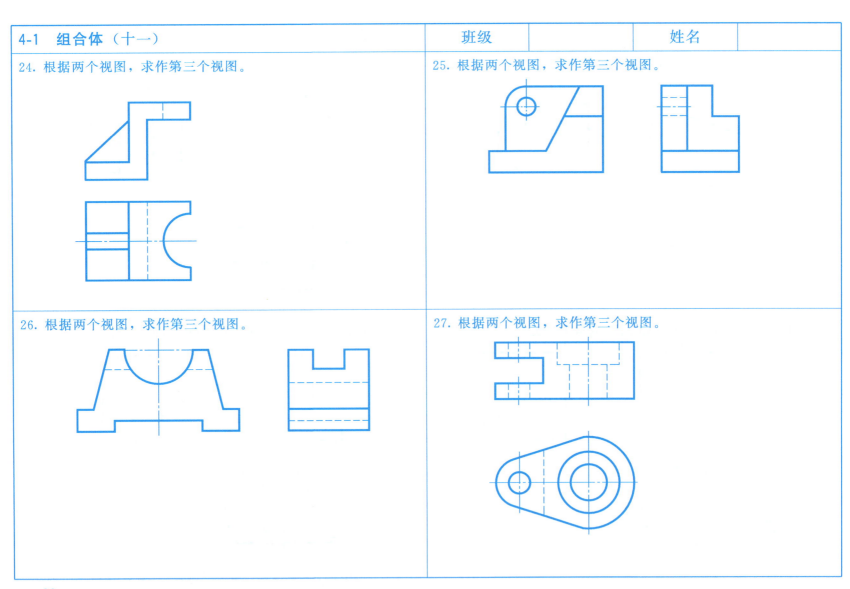

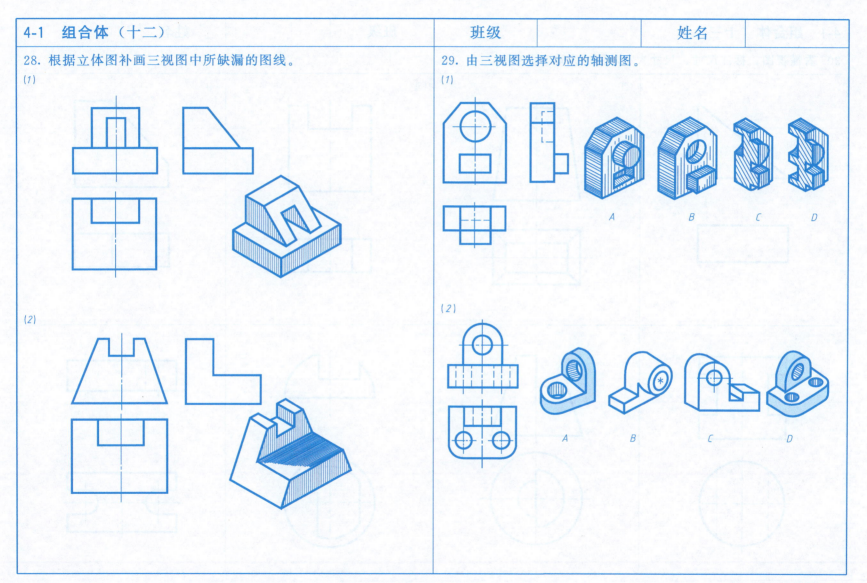

4-1 组合体（十三）   班级   姓名

30. 看懂视图，标注尺寸，尺寸大小从图中量取，取整数。

(1) (2) 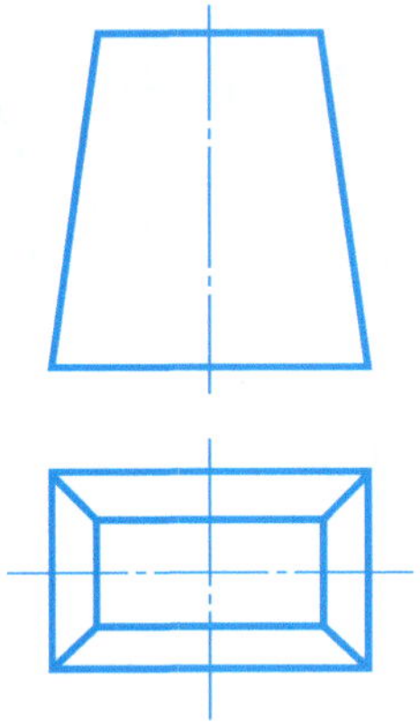 (3) 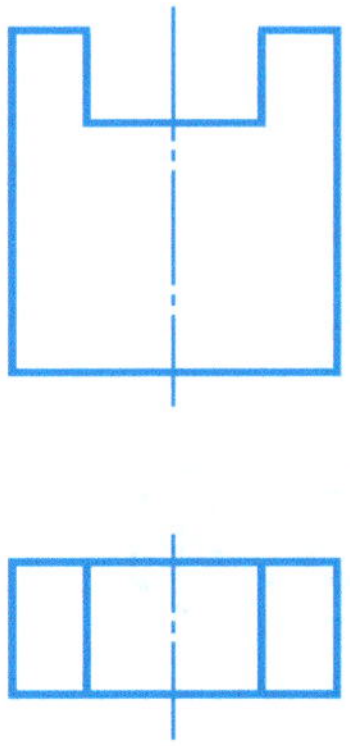 (4) 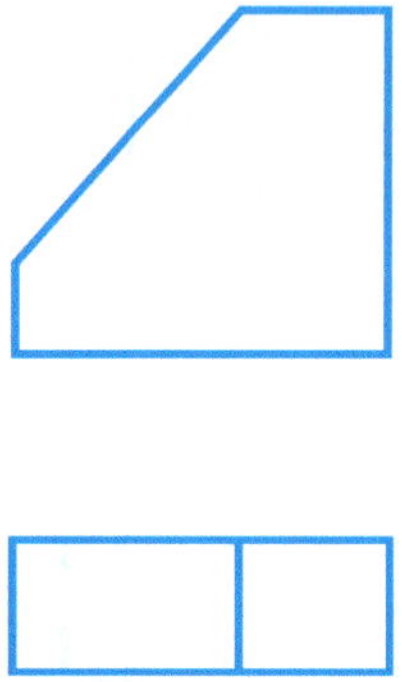
(5) 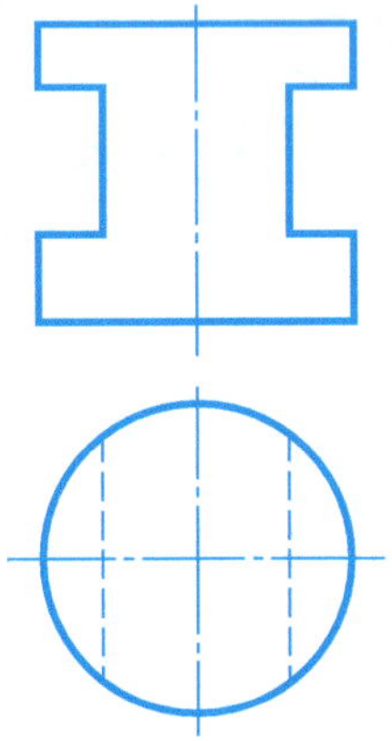 (6) 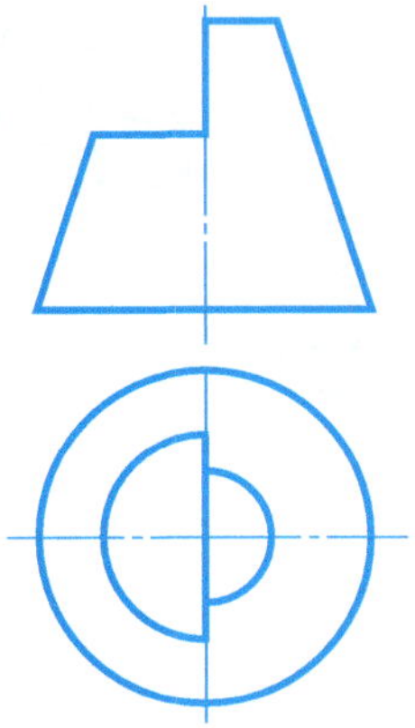 (7) 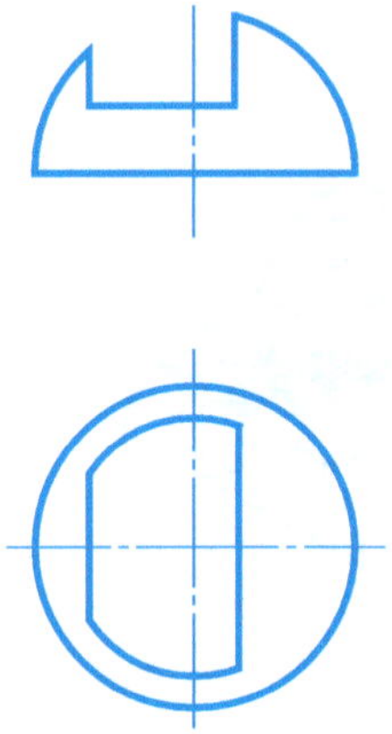 (8)

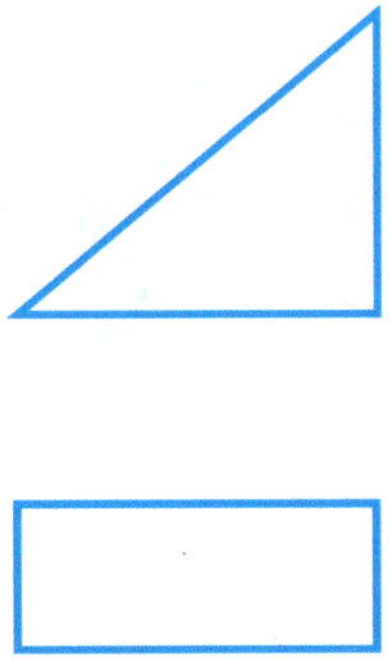

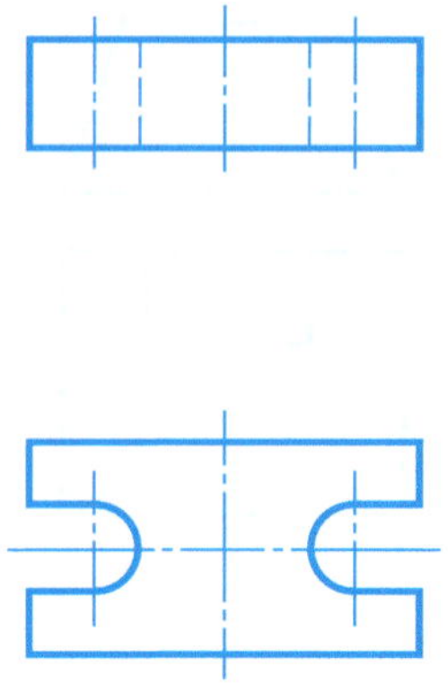

4-1 组合体（十四）

班级　　　　姓名

31. 指出视图尺寸标注中重复或多余的尺寸（打"×"）。

(1)

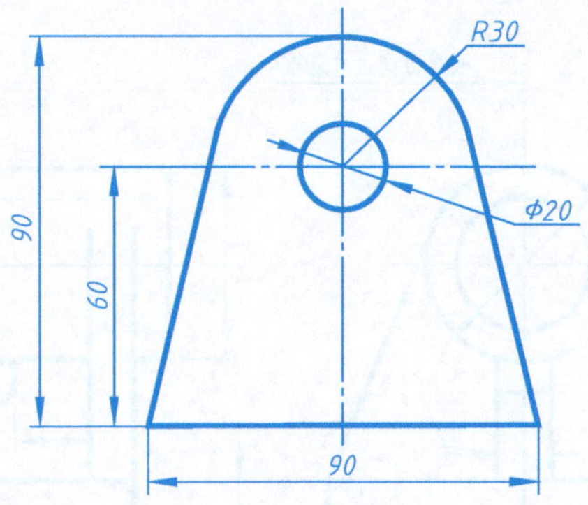

(2)

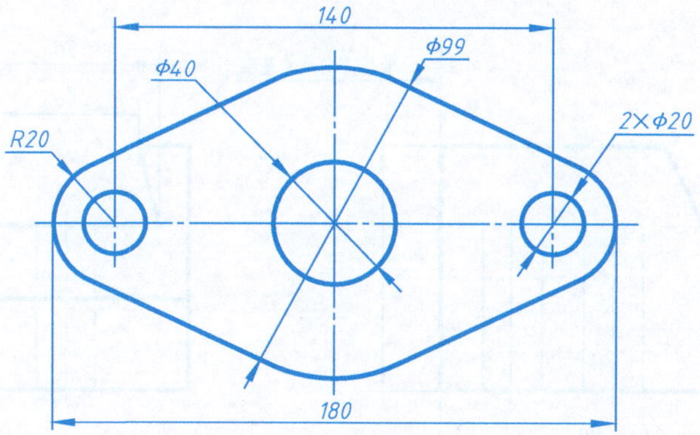

(3)

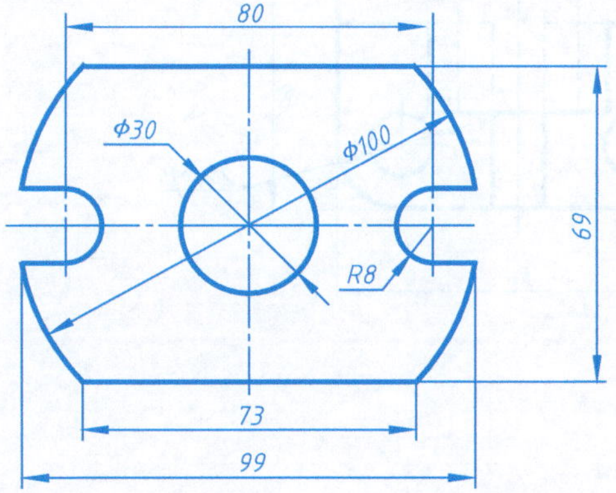

(4)

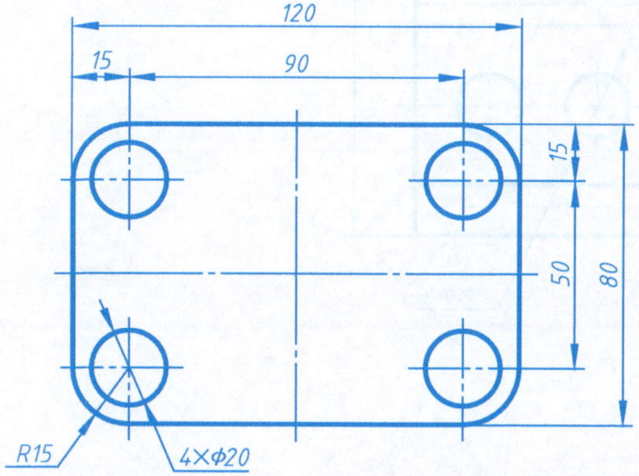

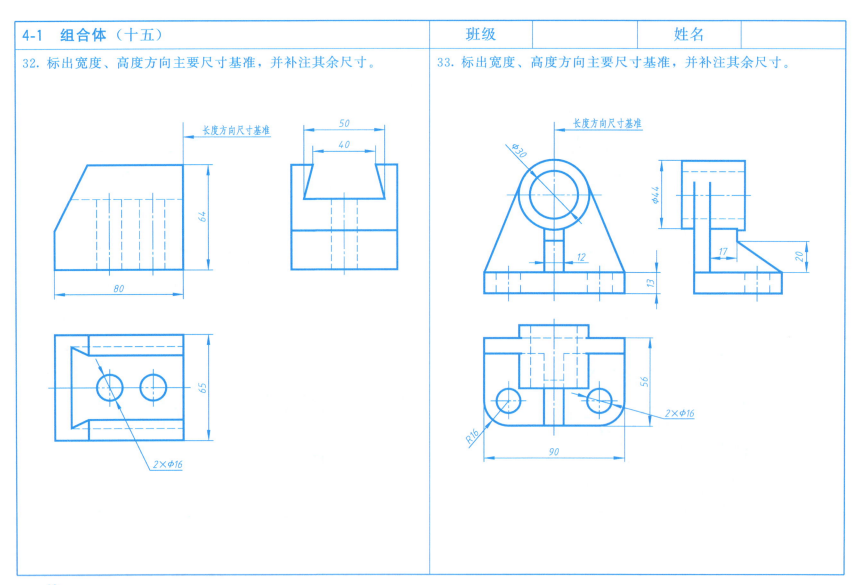

| 4-1 组合体（十六） | 班级 | 姓名 |

34. 标注组合体的尺寸。

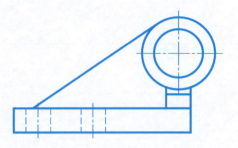
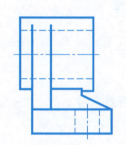

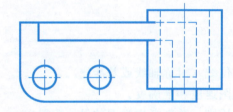

35. 标注组合体的尺寸。

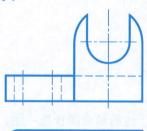

36. 标注组合体的尺寸。

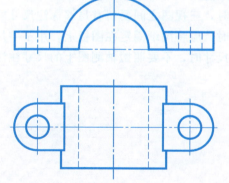

| 4-1　组合体（十七） | 班级 | | 姓名 | |

作 业 指 导

1. 作业名称及内容

（1）图名：组合体。

（2）内容：根据下边的轴测图任选一题，绘制组合体的三视图，并标注尺寸。

2. 作业目的及要求

（1）学会运用形体分析法绘制组合体的三视图和标注尺寸。

（2）培养读图能力。

3. 作业提示

（1）用 A3 幅面图纸横放，按 1∶1 绘图。

（2）绘图前应分析组合体由哪些基本形体组成及各形体间相互位置和组合关系。

（3）选择最能反映组合体形状特征的方向为主视图的投射方向。

（4）绘图时，三视图之间要留有足够标注尺寸的地方，经周密计算后便可画出各视图的定位线（对称轴线或基准线）。

（5）绘图时，应将图纸固定在图板上，用丁字尺、三角板和绘图仪器配合使用，以提高绘图速度和准确度。

（6）标注尺寸时，不要照搬轴测图上的尺寸注法，应以尺寸齐全、注法正确、配置适当为原则，重新考虑视图的尺寸配置。

4-1　组合体（十八）

班级　　　　　**姓名**

37. 用 A3 幅面图纸按 1∶1 比例画出立体的三视图，标注尺寸。

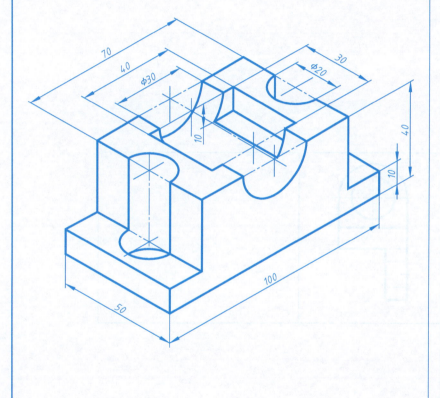

38. 用 A3 幅面图纸按 1∶1 比例画出立体的三视图，标注尺寸。

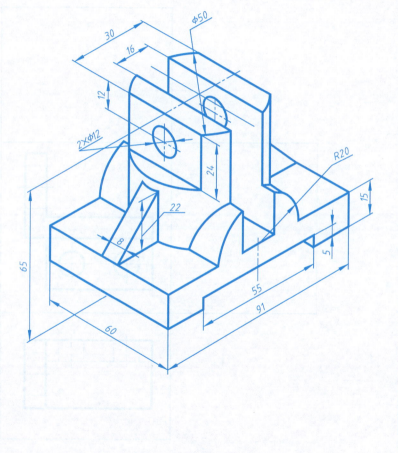

第 5 章 机件的基本表示方法

5-1 机件的基本表示方法（一）　　班级　　　姓名

1. 在指定位置作出各个基本视图。

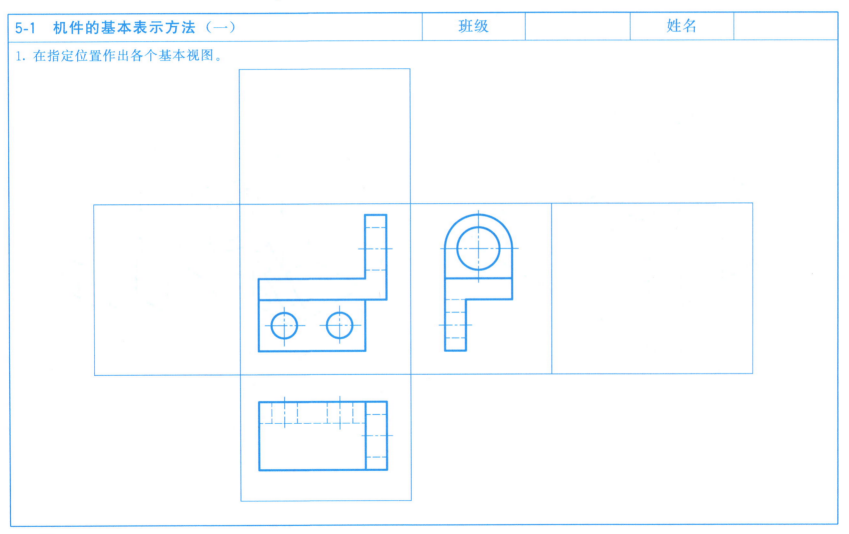

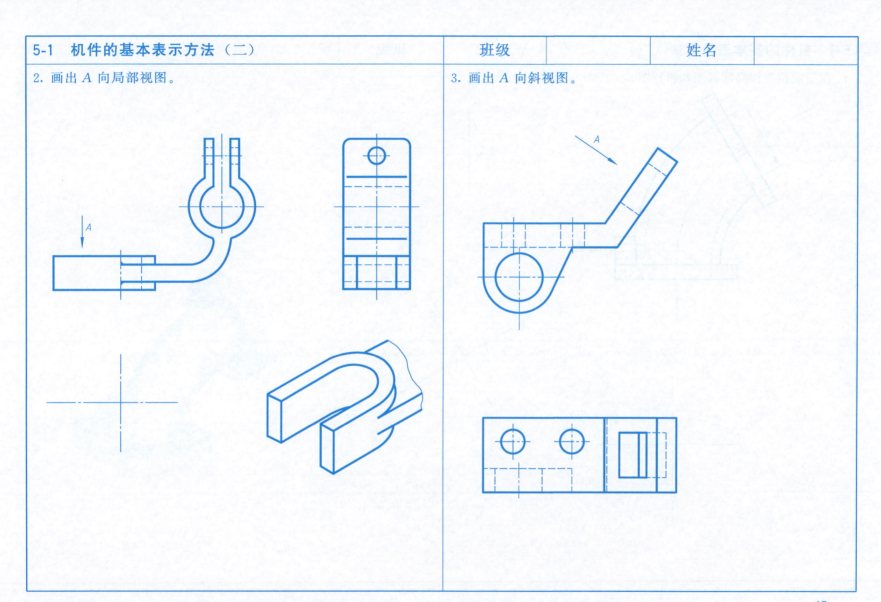

| 5-1 机件的基本表示方法（三） | 班级 | | 姓名 | |

4. 在指定位置作局部视图和斜视图。

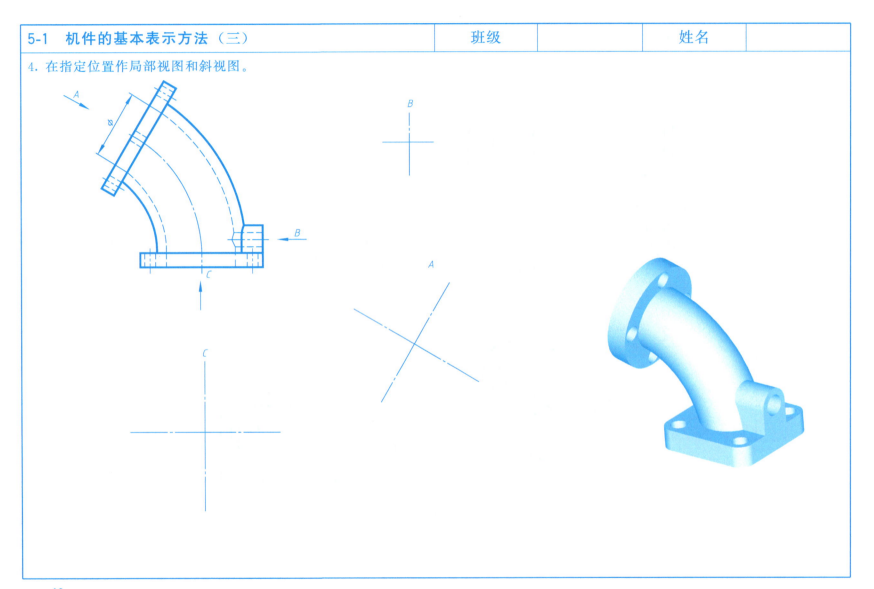

5-1 机件的基本表示方法（四）

班级　　　　　　　姓名

5. 弄清各视图的名称和投影关系，并作必要的标注。

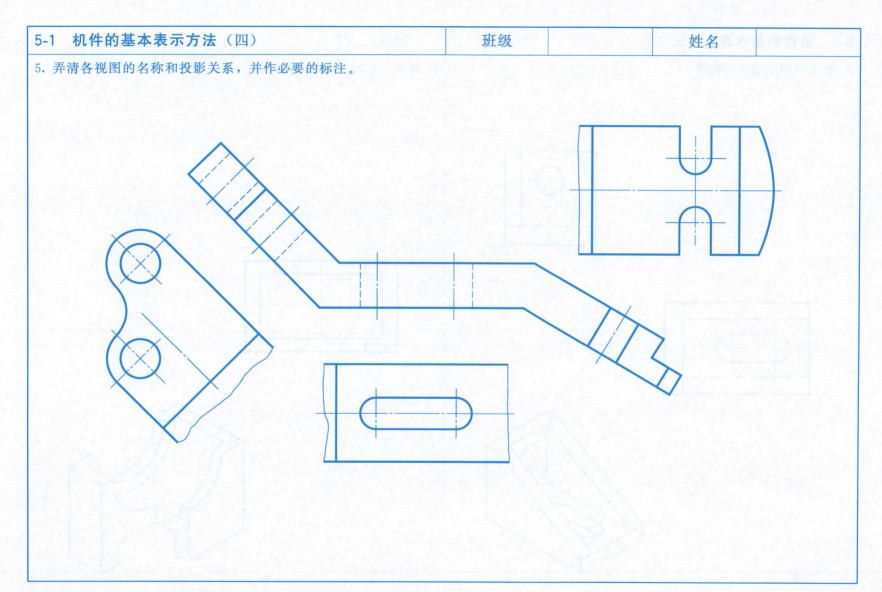

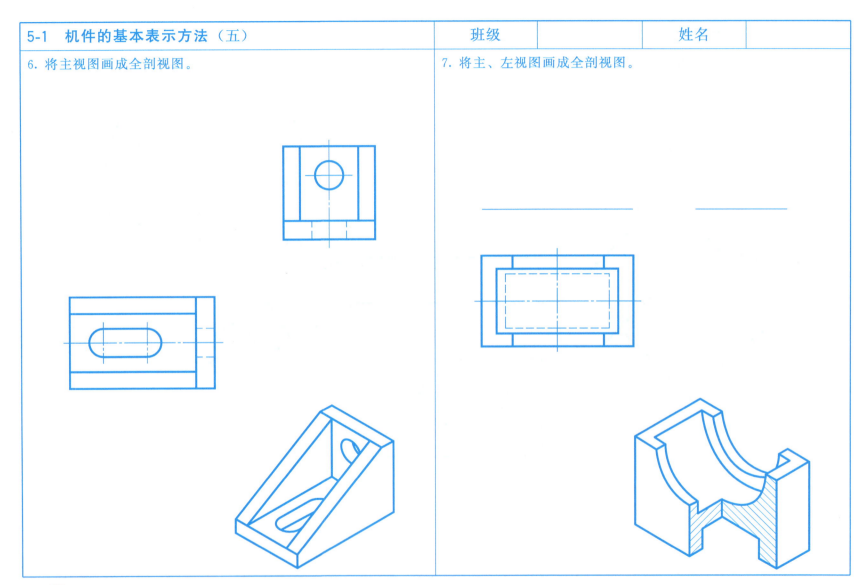

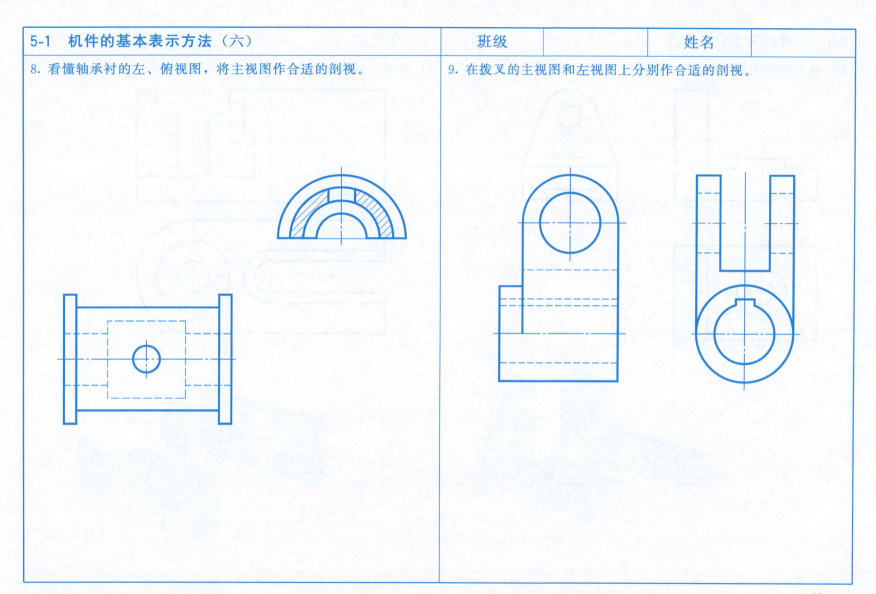

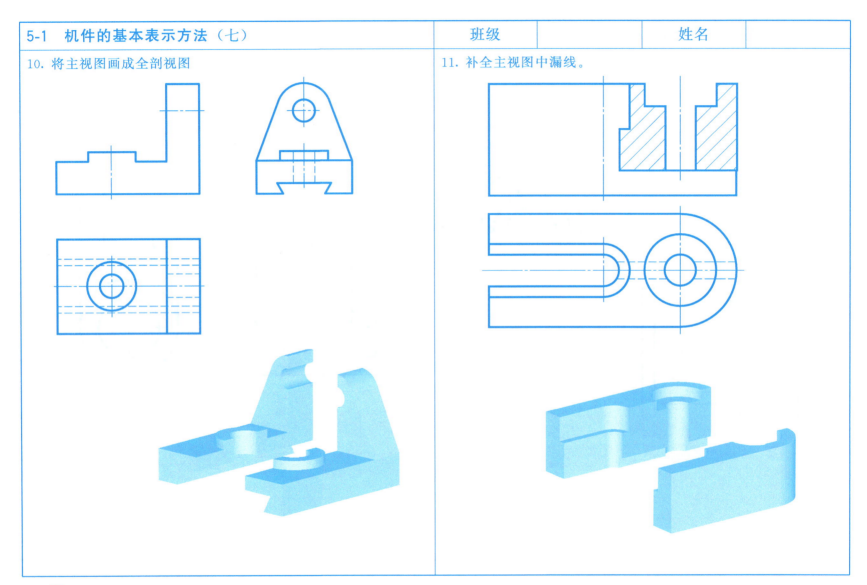

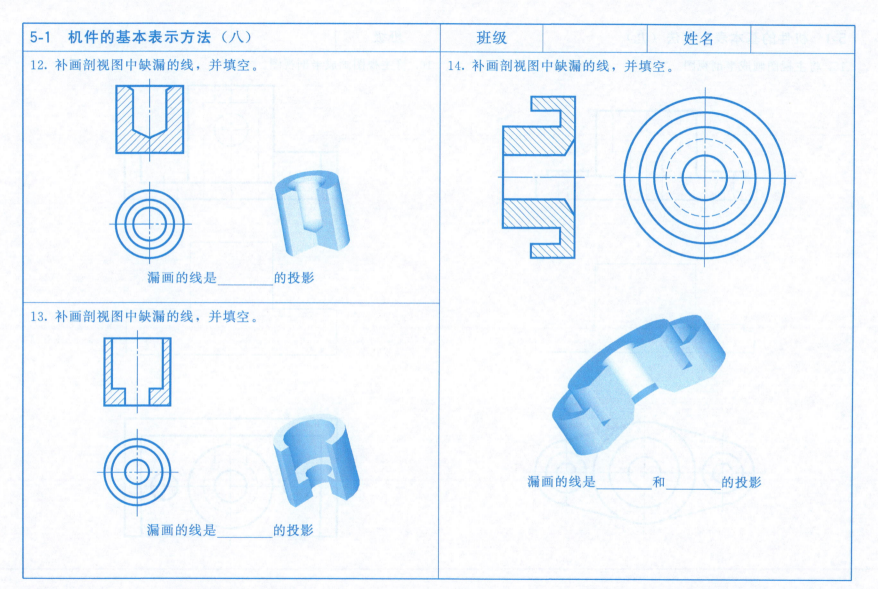

5-1 机件的基本表示方法（九）

班级　　　　　姓名

15. 将主视图画成半剖视图。

16. 将主视图画成半剖视图。

5-1 机件的基本表示方法（十）

班级　　　　　姓名

17. 在指定位置，画出 A—A 及 B—B 全剖视图。

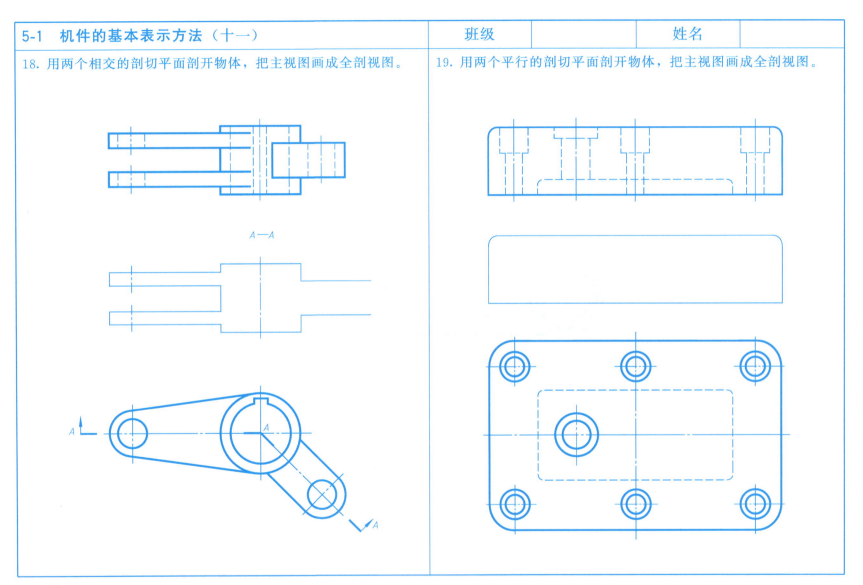

5-1 机件的基本表示方法（十二）

班级　　　　姓名

20. 根据俯视图找出相应的主视图。

5-1 机件的基本表示方法（十三）

21. 将下列机件的 a、b、c、d 四种表达方案进行比较，找出较好方案或较差方案写在横线上。

(1)

a	b	c	d
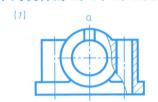	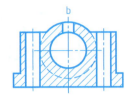		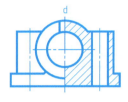
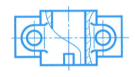	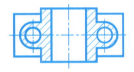	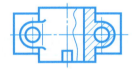	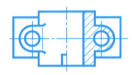

_____ _____ _____ _____
　　a　　　　　　　b　　　　　　　c　　　　　　　d

(2)

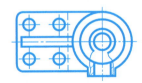

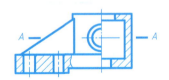

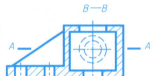

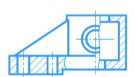

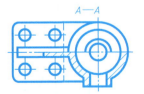

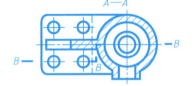

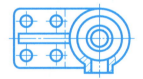

5-1 机件的基本表示方法（十四）　　班级　　　　姓名

22. 选择下列视图中正确的画法。

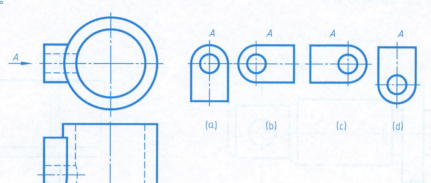

23. 选择下列局部剖视图中正确的画法。

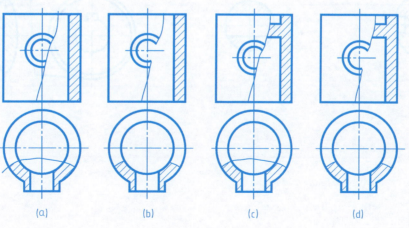

5-1 机件的基本表示方法（十五）　　班级　　姓名

24. 判断断面图的种类，在括号内填写断面图名称。

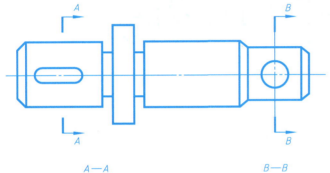

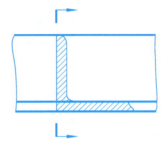

（　　）

（　　）

（　　）

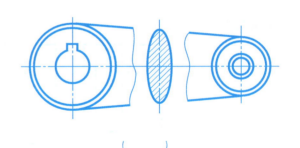

（　　）

5-1 机件的基本表示方法（十六）   班级   姓名

25. 画出指定的断面图（左端键槽深 4mm，右端键槽深 3.5mm）。

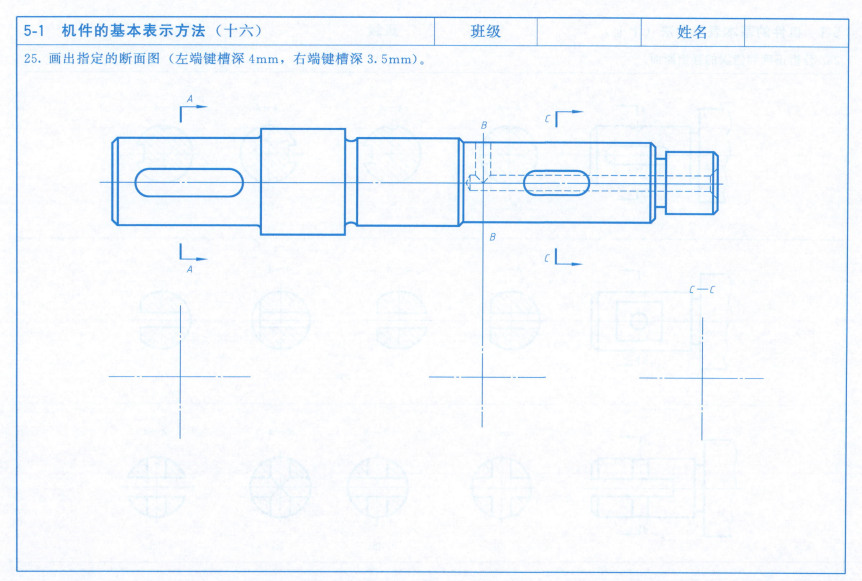

5-1 机件的基本表示方法(十七)

班级   **姓名**

26. 分析正确和错误的移出断面。

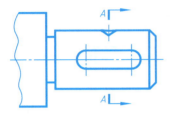    

                                      (a)   (b)   (c)   (d)

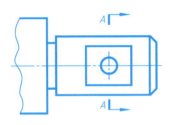    

                                      (a)   (b)   (c)   (d)

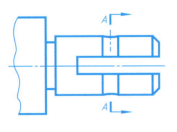    

                                      (a)   (b)   (c)   (d)

5-1 机件的基本表示方法（十八）

班级　　　　　　　姓名

27. 在主视图下方作 A—A 移出断面图。

28. 将主视图在右边画成全剖视图。

| 5-1　机件的基本表示方法（十九） | 班级 | | 姓名 | |

作 业 指 导

1. 作业名称及内容
（1）图名：基本表达方法。
（2）内容：根据所给的机件的视图，按需要改画成剖视图、断面图和其它视图，并标注尺寸。
2. 作业目的及要求
（1）目的：学会综合运用机件的各种表达方法表示机件。
（2）要求：对指定机件选择恰当的表达方案，将机件的内外结构表达清楚。
3. 作业提示
（1）A3图纸横放，比例1∶1。
（2）对所给视图进行形体分析，在此基础上选择表达方案。根据规定的图幅和比例作图。

5-1 机件的基本表示方法（二十）　　班级　　　　姓名

29.

30.

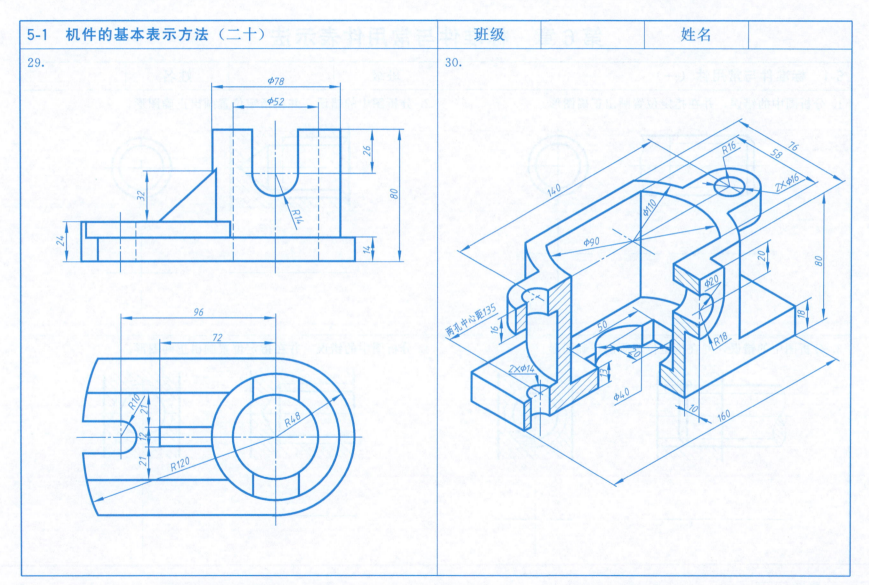

第 6 章 标准件与常用件表示法

| 6-1 标准件与常用件（一） | 班级 | 姓名 |

1. 分析图中的错误，并在指定位置画出正确图形。

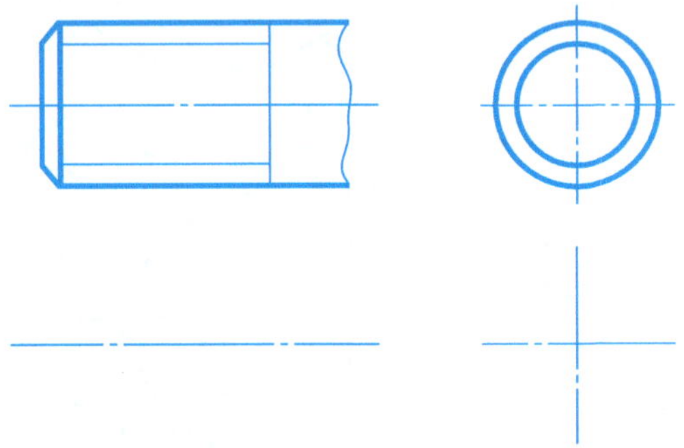

2. 分析图中的错误，并在指定位置画出正确图形。

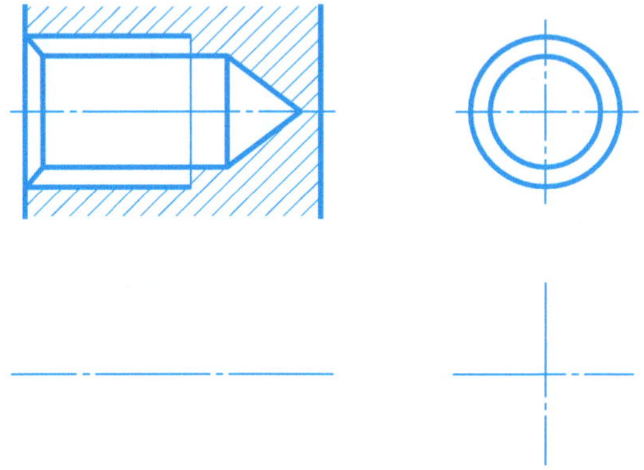

3. 分析图中的错误，并在指定位置画出正确图形。

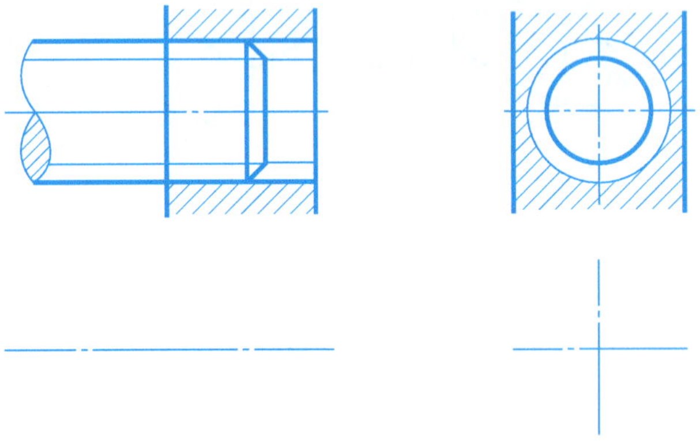

4. 分析图中的错误，并在指定位置画出正确图形。

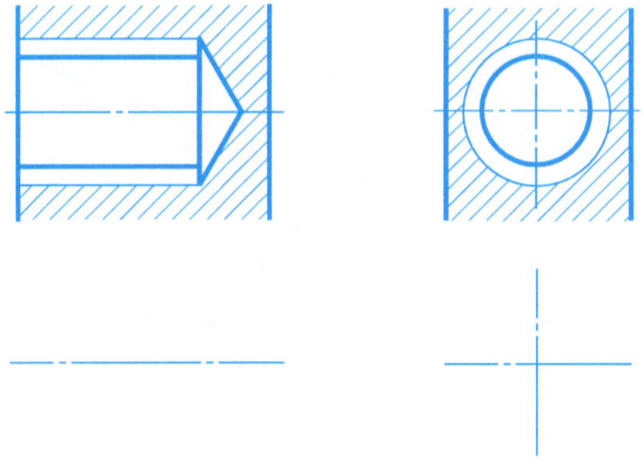

| 6-1　标准件与常用件（二） | 班级　　　　　　姓名 |

5. 根据下列给定的螺纹要素，标注螺纹的标记代号。

(1) 粗牙普通螺纹，公称直径 24mm，螺距 3mm，单线，右旋，螺纹公差带：中径、小径均为 6H，旋合长度属于短的一组。

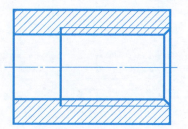

(2) 细牙普通螺纹，公称直径 30mm，螺距 2mm，单线，右旋，螺纹公差带：中径 5g，大径 6g，旋合长度属于中等一组。

(3) 非螺纹密封的管螺纹，尺寸代号 3/4，公差等级为 A 级，右旋。

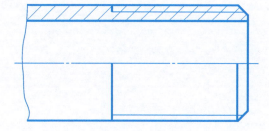

(4) 梯形螺纹，公差直径 30mm，螺距 6mm，双线，左旋。

| 6-1　标准件与常用件（三） | 班级 | | 姓名 | |

6. 螺纹紧固件的连接画法。

(1) 已知螺柱 GB/T 898—1988 M16×40、螺母 GB/T 6170—2000 M16，垫圈 GB/T 97.1—2002 16，有通孔的被连接件厚度 $\delta=18$mm，用近似画法作出连接后的主、俯视图（比例 1∶1）。

(2) 已知螺栓 GB/T 5780—2000 M16×80，螺母 GB/T 6170—2000 M16，垫圈 GB/T 97.1—2002 16，两个被连接件厚度均为 28，用近似画法作出连接后的主、俯视（比例 1∶1）。

6-1　标准件与常用件（四）　　班级　　　　姓名

7. 选择正确的螺栓连接画法。

8. 选择正确的螺钉连接画法。

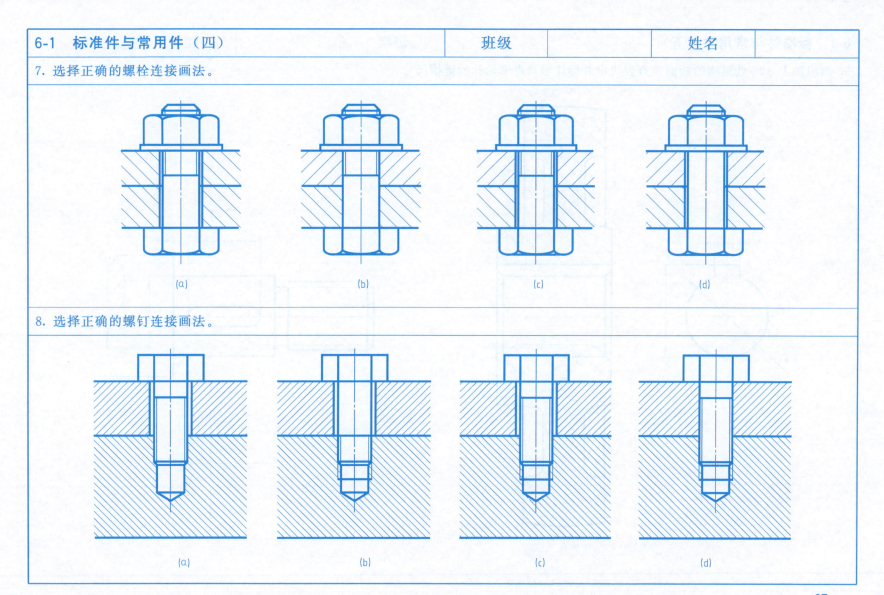

| 6-1 标准件与常用件（五） | 班级 | 姓名 |

9. 画出轴上 φ28 处键槽的断面，查表决定并标注轴和皮带轮孔的键槽尺寸。

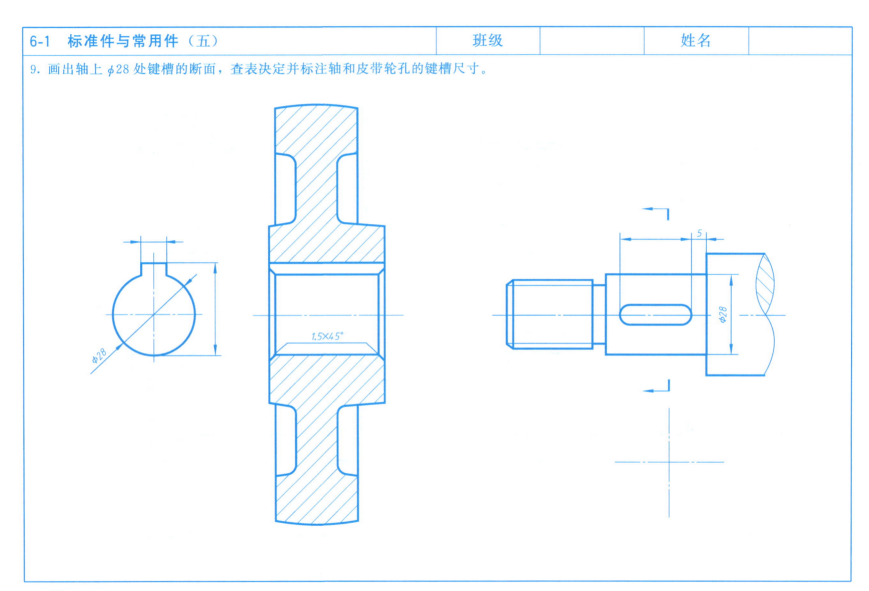

| 6-1 | 标准件与常用件（六） | 班级 | 姓名 |

10. 画出第9题中轴与皮带轮连接后的装配图（该图中的键槽规定画在上方）。

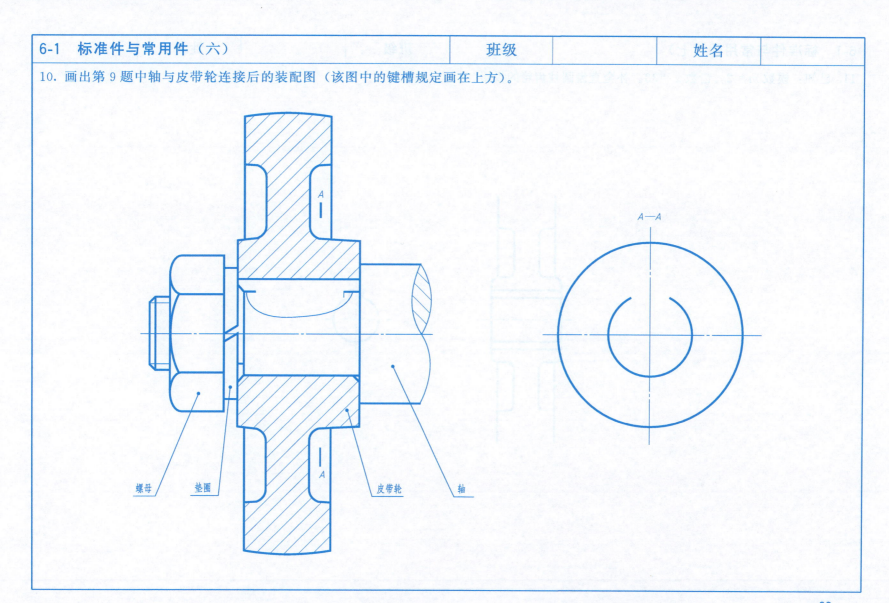

6-1 标准件与常用件（七）

班级　　　　姓名

11. 已知：模数 $m=2$，齿数 $z=38$。补全直齿圆柱齿轮的投影。

6-1 标准件与常用件（八）　　班级　　姓名

12. 已知一对直齿圆柱齿轮，完成其啮合图。

| 6-1 标准件与常用件（九） | 班级 | 姓名 |

13. 查表确定滚动轴承的尺寸，用规定画法在轴端画出轴承与轴的装配图。

（1）滚动轴承 6308　GB/T 276—2015

（2）滚动轴承 30308　GB/T 297—2015

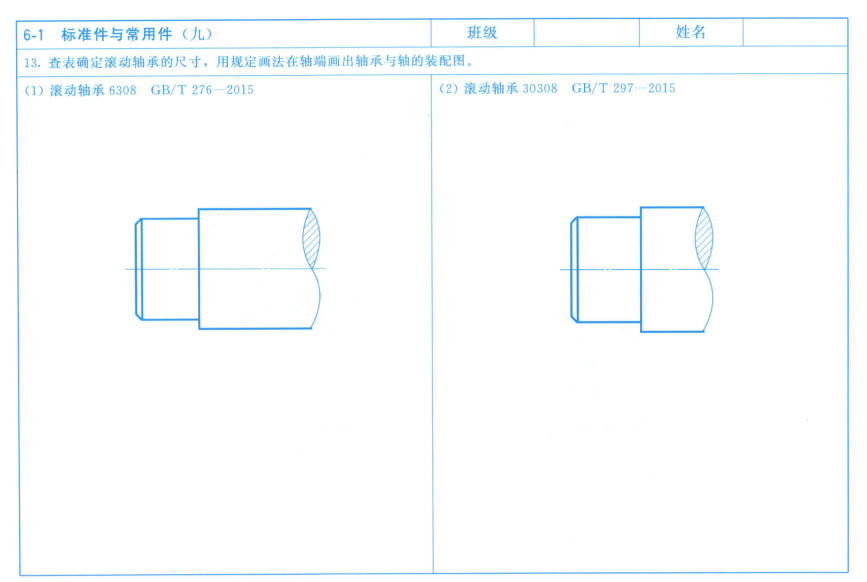

| 6-1 标准件与常用件（十） | | 班级 | | 姓名 | |

14. 选择正确的齿轮视图。

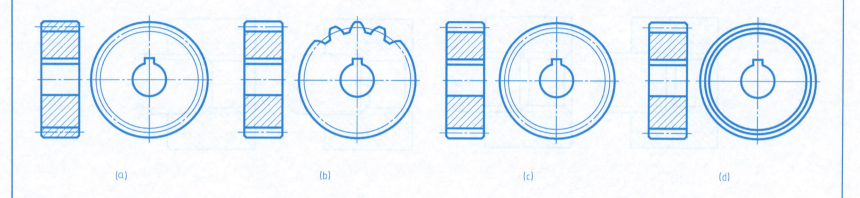

(a)　　　　　(b)　　　　　(c)　　　　　(d)

15. 选择正确的齿轮啮合视图。

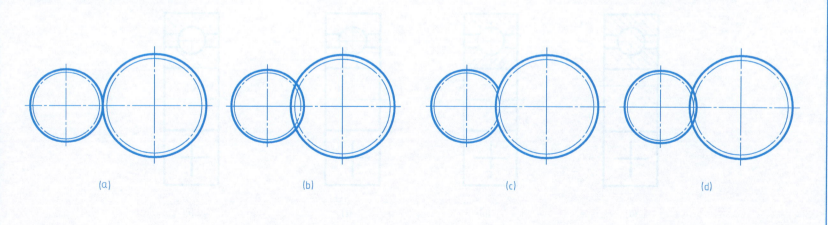

(a)　　　　　(b)　　　　　(c)　　　　　(d)

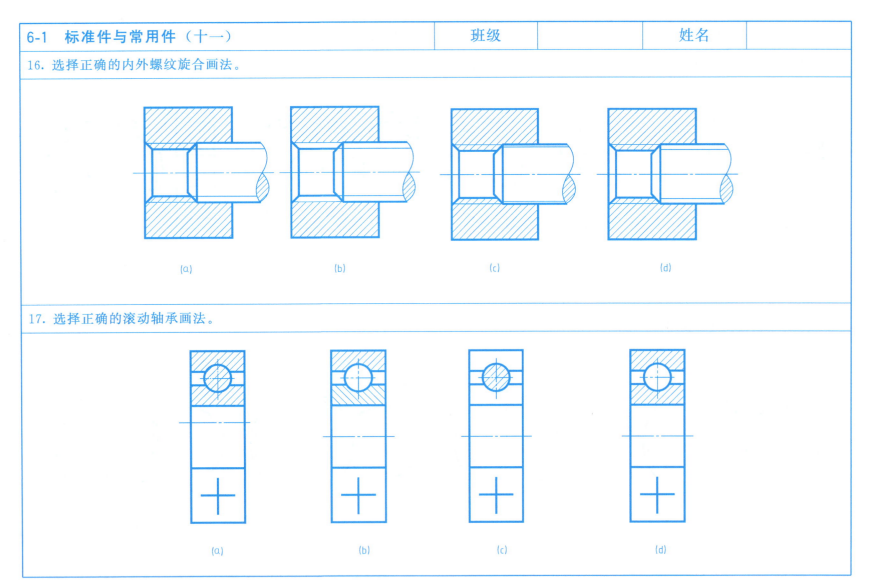

6-1 标准件与常用件（十二） 班级　　　姓名

18. 填写下列图中所示螺纹连接的名称。

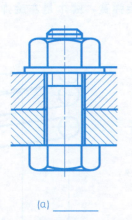 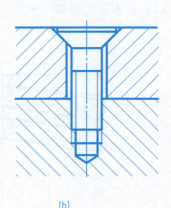 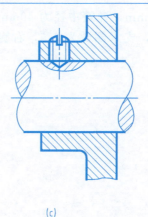 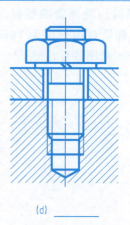

(a) _____　　(b) _____　　(c) _____　　(d) _____

19. 填写下列图中所示连接的名称。

 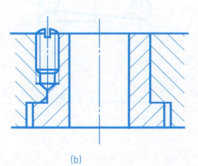 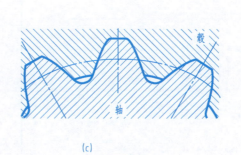 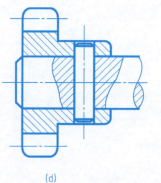

(a) _____　　(b) _____　　(c) _____　　(d) _____

6-1 标准件与常用件（十三）

班级　　　　　姓名

20. 弹簧。

(1) 已知圆柱螺旋压缩弹簧的线径为 5mm，弹簧中径为 40mm，节距为 10mm，弹簧自由长度为 76mm，支承圈数为 2.5，右旋。试画出弹簧的全剖视图并标尺寸。

(2) 指出下图中哪一个是右旋弹簧，哪个是左旋弹簧。

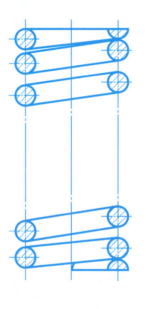 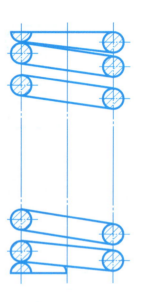

　　　　旋弹簧　　　　　　　　　　旋弹簧

第 7 章 读 零 件 图

7-1 零件图表达方案（一）

1. 比较摇臂座的两个表达方案，并填空。

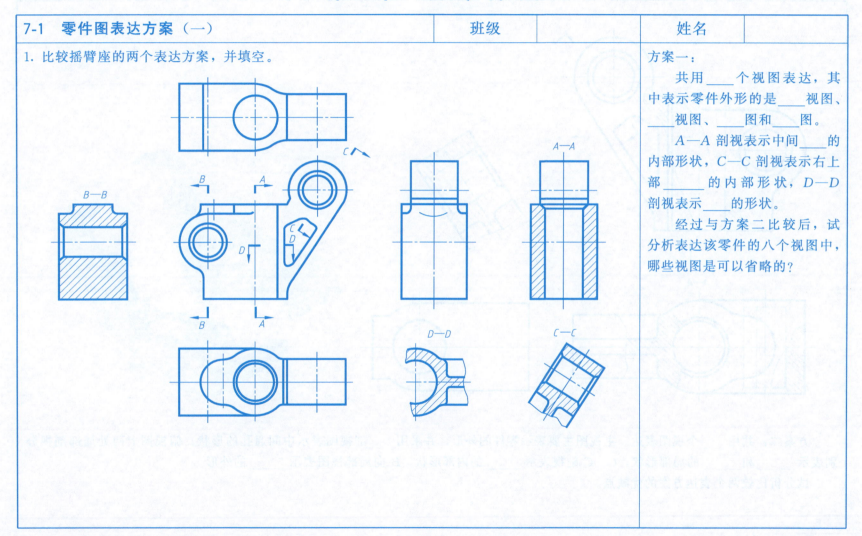

方案一：

共用____个视图表达，其中表示零件外形的是____视图、____视图、____图和____图。

A—A 剖视表示中间____的内部形状，C—C 剖视表示右上部____的内部形状，D—D 剖视表示____的形状。

经过与方案二比较后，试分析表达该零件的八个视图中，哪些视图是可以省略的？

7-1　零件图表达方案（二）　　班级　　　姓名

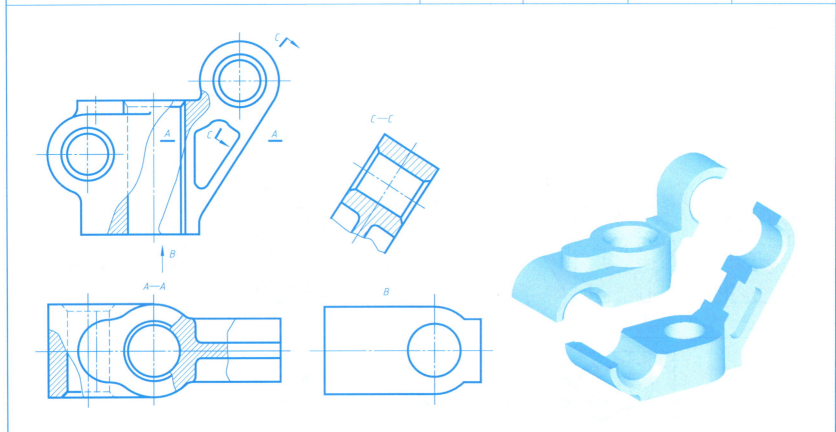

方案二：共用____个视图表达。主视图主要表示零件的外形，并采用____剖视图表示中间通孔的形状；俯视图上两处局部剖视分别表示_____和_____的局部形状；C—C 剖视表示_____的内部形状，B 向局部视图表示_____的外形。

试分析比较两个表达方案的优缺点。

7-2 零件图的技术要求（一） 班级　　　　姓名

1. 根据装配图中的配合代号，查表得偏差值，标注在零件图上，并填空。

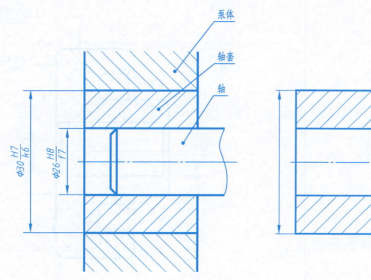
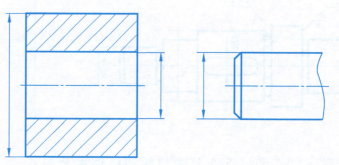

（1）轴套与泵体孔 φ30H7/k6 基本尺寸_____，基_____制；公差等级：轴 IT____级，孔 IT____级，轴套与泵体孔是____配合；轴套：上偏差_____，下偏差_____；泵体孔：上偏差_____，下偏差_____。

（2）轴与轴套 φ26H8/f7 基本尺寸_____，基_____制；公差等级：轴 IT____级，孔 IT____级，轴与轴套是_____配合；轴：上偏差_____，下偏差_____；轴套：上偏差_____，下偏差_____。

7-2 零件图的技术要求（二）

2. 将用文字说明的几何公差改用框格标注在图中。

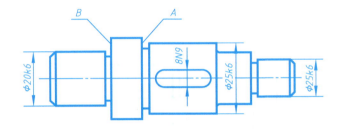

(1) φ25k6 轴线对 φ20k6 和 φ15k6 公共轴线的同轴度公差值 φ0.025；
(2) A 面对 φ25k6 轴线的垂直度公差值 0.05；
(3) B 面对 φ20k6 轴线的端面圆跳动公差值 0.05；
(4) 键槽对 φ25k6 轴线的对称度公差值 0.01。

3. 用文字解释图中的形状和位置公差。

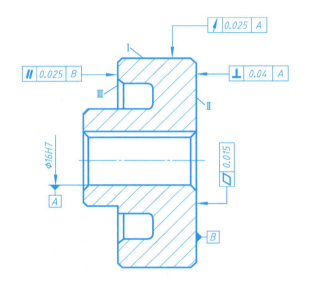

7-2 零件图的技术要求（三）　　班级　　姓名

4. 将文字说明的粗糙度标注在零件图中。

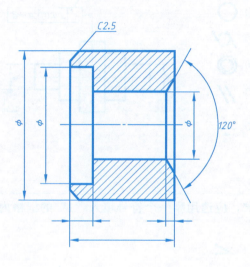

(1) 所有圆柱面 Ra 上限值为 $1.6\mu m$；
(2) 倒角、圆锥面 Ra 上限值为 $6.3\mu m$；
(3) 其余各平面 Ra 上限值为 $3.2\mu m$。

5. 将文字说明的粗糙度标注在零件图中。

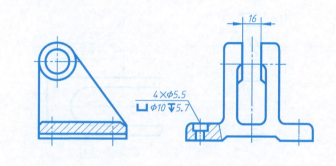
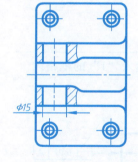

(1) $\phi15$ 内孔表面 Ra 上限值为 $6.3\mu m$；
(2) 两个 $\phi5.5$ 的沉孔 Ra 上限值为 $12.5\mu m$；
(3) 间距为 16 的两端面与底面 Ra 上限值为 $6.3\mu m$；
(4) 其余铸造表面不需切削加工。

| 7-2 零件图的技术要求（四） | 班级　　　　姓名 |

6. 按图中要求，应选用哪一个符号填入"1"的框格内。

(1)
(2)
(3)
(4) /
(5)

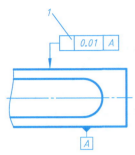

7. 按图中要求，应选用哪一个符号填入"1"的框格内。

(1)
(2)
(3)
(4)
(5)

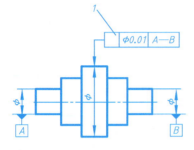

8. 按图中要求，应选用哪一个符号填入"1"的框格内。

(1)
(2)
(3)
(4)
(5) /

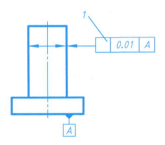

9. 按图中要求，应选用哪一个符号填入"1"的框格内。

(1)
(2)
(3) /
(4)
(5)

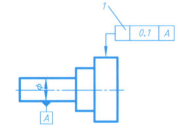

7-3　读零件图（一）　　　班级　　　　　姓名

1. 看懂零件图，并回答问题。

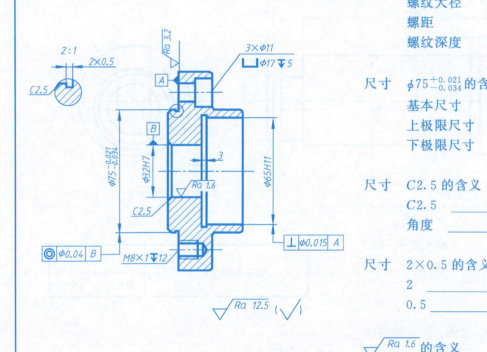

尺寸　M8×1 ▽12 的含义
　　螺纹　　　　　＿＿＿＿＿＿
　　螺纹大径　　　＿＿＿＿＿＿
　　螺距　　　　　＿＿＿＿＿＿
　　螺纹深度　　　＿＿＿＿＿＿

尺寸　$\phi 75^{+0.021}_{-0.034}$ 的含义
　　基本尺寸　　　＿＿＿＿＿＿
　　上极限尺寸　　＿＿＿＿＿＿
　　下极限尺寸　　＿＿＿＿＿＿

尺寸　C2.5 的含义
　　C2.5　　　　　＿＿＿＿＿＿
　　角度　　　　　＿＿＿＿＿＿

尺寸　2×0.5 的含义
　　2　　　　　　＿＿＿＿＿＿
　　0.5　　　　　＿＿＿＿＿＿

$\sqrt{}$ Ra 1.6 的含义
　　被测表面是　　　　＿＿＿＿＿＿
　　表面粗糙度的获得方法＿＿＿＿＿＿
　　偏差值　　　　　　＿＿＿＿＿＿

尺寸　$\dfrac{3×\phi 11}{\sqcup \phi 17 \downarrow 5}$ 的含义
　　3×φ11　　　　＿＿＿＿＿＿
　　　　　　　　　＿＿＿＿＿＿
　　⌴φ17▽5　　　＿＿＿＿＿＿
　　　　　　　　　＿＿＿＿＿＿

尺寸　φ32H7 的含义
　　基本尺寸　　　＿＿＿＿＿＿
　　H　　　　　　＿＿＿＿＿＿
　　7　　　　　　＿＿＿＿＿＿

◎ φ0.02 A 的含义
　　被测要素是　　＿＿＿＿＿＿
　　基准要素是　　＿＿＿＿＿＿
　　公差项目是　　＿＿＿＿＿＿
　　公差值是　　　＿＿＿＿＿＿

⊥ φ0.015 A 的含义
　　被测要素是　　＿＿＿＿＿＿
　　基准要素是　　＿＿＿＿＿＿
　　公差项目是　　＿＿＿＿＿＿
　　公差值是　　　＿＿＿＿＿＿

7-3　读零件图（二）　　班级　　　　姓名

2. 看懂零件图，并回答问题。

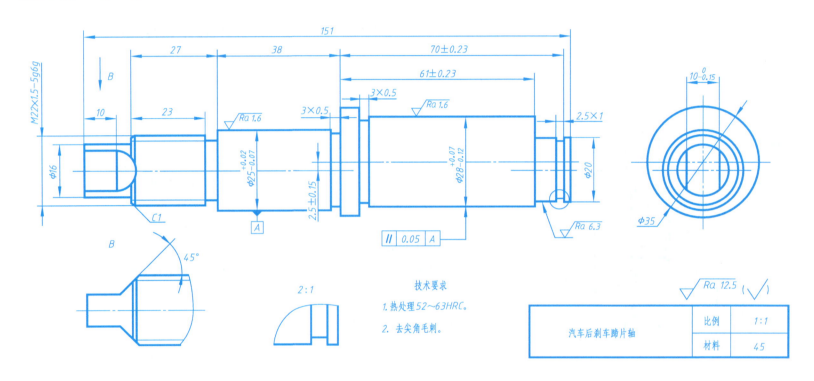

(1) 该零件的名称叫_____，比例____，材料____。
(2) 零件采用____个图形表达，其中 B 向称为_____，2∶1 下方的图称为_____。
(3) 解释 M22×1.5-5g6g 的含义：_____。
(4) 计算 70±0.23 的上极限尺寸是_____；公差是_____。
(5) 该零件中，要求最高的表面粗糙度代号是_____。

7-3 读零件图（三）   班级　　　　姓名

3. 看懂零件图，并回答问题。

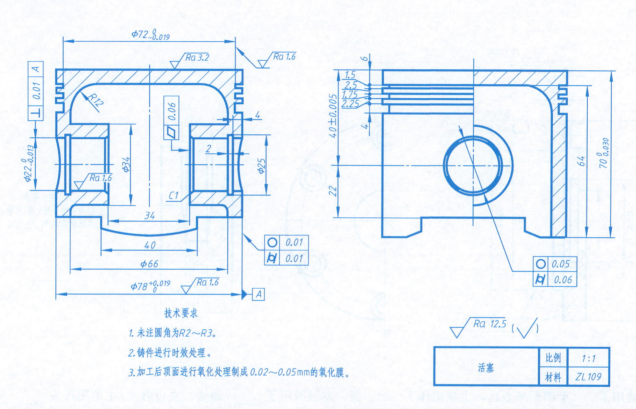

技术要求
1. 未注圆角为R2～R3。
2. 铸件进行时效处理。
3. 加工后顶面进行氧化处理制成0.02～0.05mm的氧化膜。

(1) 该零件的名称为＿＿＿＿＿＿＿＿，材料是＿＿＿＿＿，比例为＿＿＿＿＿。
(2) 该零件共用了＿＿个图形来表达，主视图作了＿＿＿＿剖，主要是表达＿＿＿＿的结构，左视图作了＿＿＿剖。
(3) 该零件 $\phi22_{-0.013}^{0}$ 的尺寸有＿＿处，其定位尺寸为＿＿＿＿＿，表面粗糙度为＿＿＿＿＿。
(4) 所注 ⊥ 0.01 A 的含义＿＿＿＿＿＿＿＿＿＿＿＿＿＿＿＿＿＿＿＿。零件的热处理要求是＿＿＿＿＿。

7-3 读零件图（四）

4. 读端盖的零件图，并回答问题。

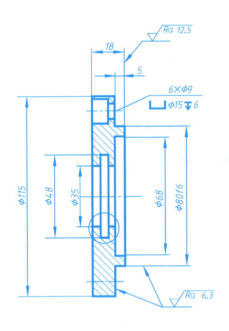

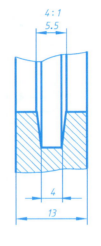

技术要求
1. 铸件应经时效处理，消除内应力。
2. 未注铸造圆角R3～R5。

(1) 端盖共用了____个图形来表达，主视图作了_____剖，左视图用了_____画法。左边有4∶1的图形为_____图，它主要是表达_____的结构。

(2) 图形外圆尺寸为_____，最小内孔尺寸为_____，两圆的表面粗糙度是_____。

(3) 解释图中6×φ9处所注尺寸符号的含义_____。6×φ9的定位尺寸是____。

7-3　读零件图（五）　　班级　　　姓名

5. 读制动杠杆零件图，回答问题。

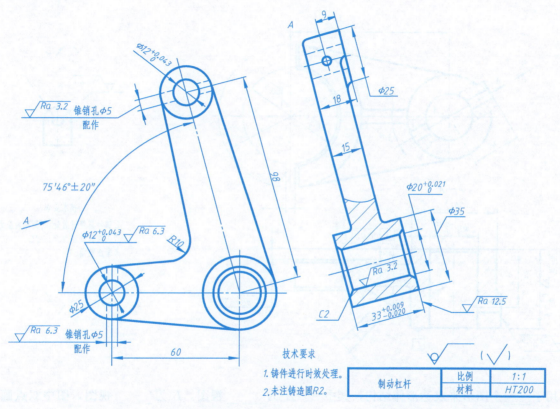

(1) 该零件的名称为_____，属于_____类零件，材料是_____，比例为_____，共用了____个图形来表达。

(2) 两个 φ25 圆柱内孔尺寸为 φ_____，其定位尺寸是____、__、____，两个锥销孔 φ5 的定位尺寸是____。φ35 圆柱内孔尺寸为 φ_____，其上极限尺寸为_____，其下极限尺寸为_____，公差为_____。

(3) 该零件表面粗糙度质量要求由高到低依次为_____、__、_____、_____，零件的热处理要求为_____。

| 7-3 读零件图（六） | 班级 | 姓名 |

6. 读拨叉零件图，回答问题。

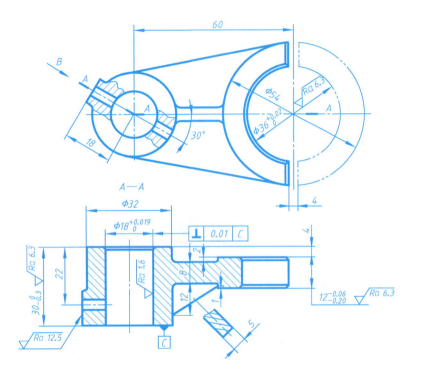
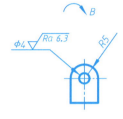

技术要求
1. 铸件应经时效处理，消除内应力。
2. 未注铸造圆角 R3~R5。
3. 未注倒角 C1。

(1) 拨叉零件共用了____个图形来表达形体结构，其中 A—A 为____视图，B 为____视图，图中双点画线表示____画法。

(2) φ4 的圆柱孔的定位尺寸是____，该孔的表面粗糙度为____。

(3) 肋板的厚度为____，其表面粗糙度代号为____。图形中几何公差的被测要素是____，基准要素是____，公差值为____。

(4) φ18 孔的最大极限尺寸为____，最小极限尺寸为____，公差为____，表面粗糙度要求是____。

7-3 读零件图（七）   班级　　　　姓名

7. 读连杆盖零件图，回答问题。

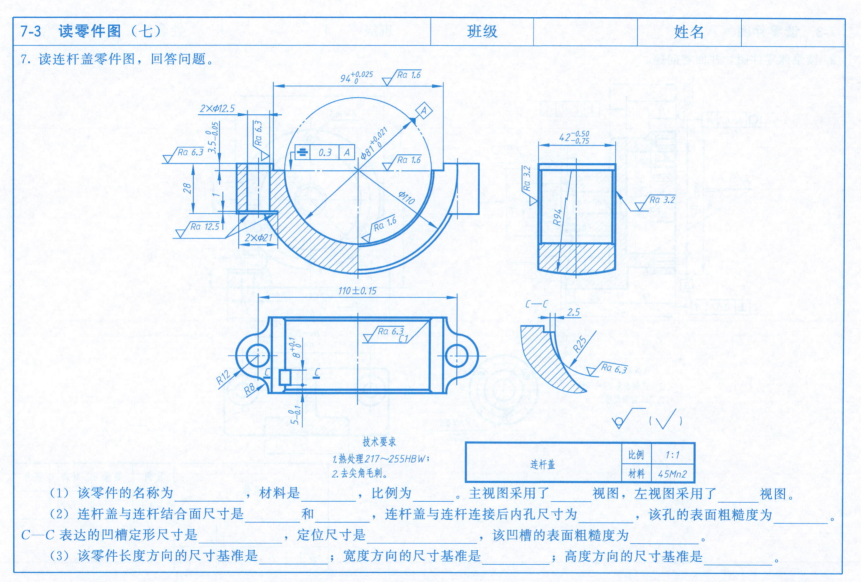

(1) 该零件的名称为＿＿＿＿，材料是＿＿＿＿，比例为＿＿＿＿。主视图采用了＿＿＿＿视图，左视图采用了＿＿＿＿视图。

(2) 连杆盖与连杆结合面尺寸是＿＿＿＿和＿＿＿＿，连杆盖与连杆连接后内孔尺寸为＿＿＿＿，该孔的表面粗糙度为＿＿＿＿。C—C 表达的凹槽定形尺寸是＿＿＿＿，定位尺寸是＿＿＿＿，该凹槽的表面粗糙度为＿＿＿＿。

(3) 该零件长度方向的尺寸基准是＿＿＿＿；宽度方向的尺寸基准是＿＿＿＿；高度方向的尺寸基准是＿＿＿＿。

7-3 读零件图（八）

8. 读泵体零件图，并回答问题。

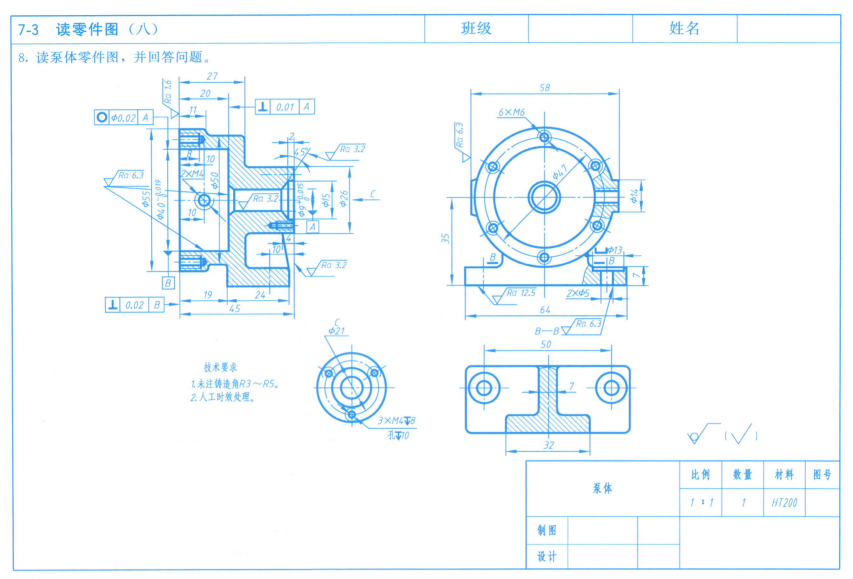

回答问题：
(1) 泵体共用了____个图形表达，主视图作了__剖视，左视图上有____处作了____剖视，C 向称为_____图。
(2) 泵体长方形底板的定形尺寸是_____，底板上两沉孔的定位尺寸是_____。
(3) 泵体上共有大小不同的螺纹孔____个，它们的螺纹标记分别是_____、_____、_____。
(4) 左视图中最大粗实线圆的直径是_____，与其同心的最小粗实线圆的直径是_____；C 向视图中三个同心粗实线圆的直径分别是_____、_____、_____。
(5) $\phi 9$ 内孔表面的表面粗糙度要求是_____，$\phi 26$ 外圆表面的粗糙度代号是_____。
(6) 解释下列几何公差的含义：

| ⊥ | 0.01 | A |

| ⊥ | 0.02 | A |

| ◎ | $\phi 0.02$ | A |

第 8 章 读 装 配 图

8-1 由零件图画装配图（一）	班级		姓名	

作 业 指 导

1. 作业名称及内容
(1) 图名：千斤顶。
(2) 内容：根据所给装配体的结构特点画出装配图。

2. 作业目的及要求
(1) 目的：掌握绘制装配图的方法与步骤，为识读机械图样以及零件测绘打下基础。
(2) 要求：恰当选择视图表达方案，标注必要的尺寸，编写零件序号，填写标题栏、明细表。

3. 作业提示
(1) 用 A3 图幅绘制，比例 1∶1。
(2) 参阅千斤顶装配轴测图，弄清工作原理，看懂全部零件图。
(3) 部件中的标准件可在装配轴测图或示意图上注写标记，若种类多应列表说明。
(4) 注意装配图上的规定画法，如剖面线的画法。剖视图中某些零件按不剖画法，允许简化或省略的各种画法等。

4. 千斤顶的工作原理

千斤顶利用螺旋传动来顶重物，是机械安装或汽车修理常用的一种起重或顶压工具，工作时，绞杠（图中未示）穿在螺旋杆 3 上部的圆孔中，转动绞杠，螺杆通过螺母 2 中的螺纹上升而顶起重物。螺母镶嵌在底座里，用螺钉固定。在螺杆的球面形顶部套一个顶垫，为防止顶垫随螺杆一起转动时不脱落，在螺杆顶部加工一个环形槽，将一紧定螺钉的端部伸进环形槽锁定。

| 8-1 由零件图画装配图（二） | 班级 | 姓名 |

千斤顶

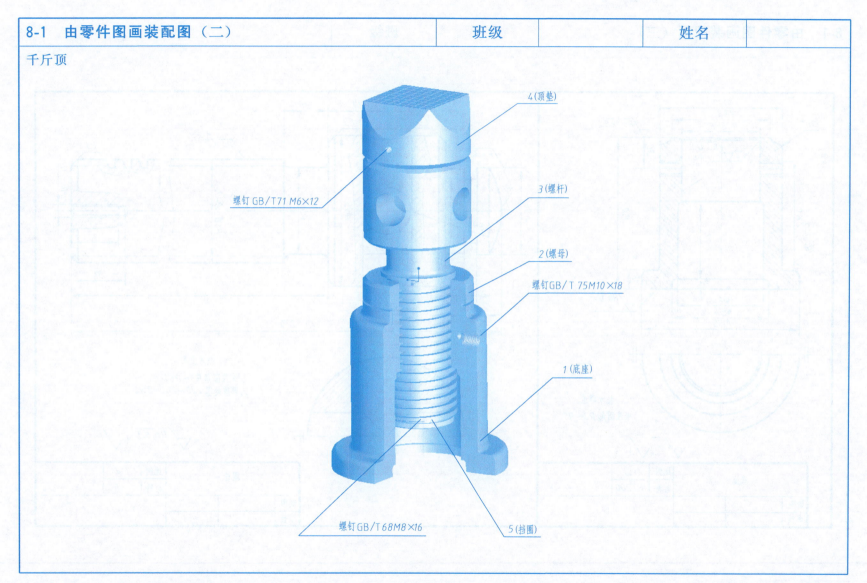

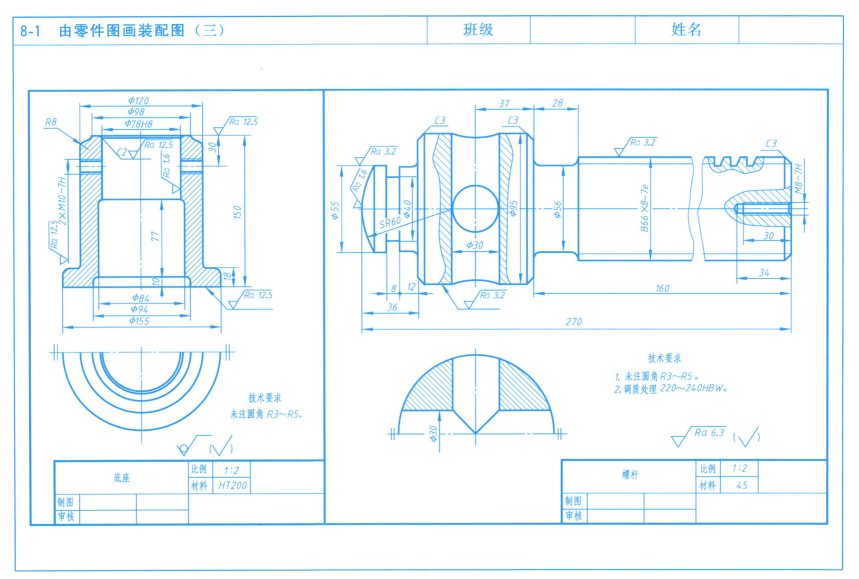

8-1 由零件图画装配图（四）

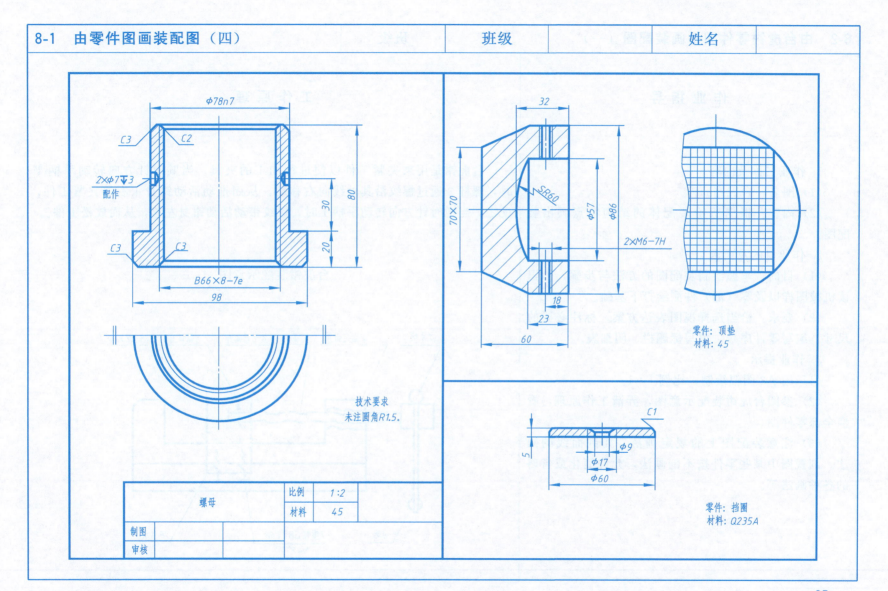

8-2　由台虎钳零件图拼画装配图（一）　　班级　　　　姓名

作 业 指 导

1. 作业名称及内容
（1）图名：台虎钳。
（2）内容：根据所给装配体的结构特点画出装配图。

2. 作业目的及要求
（1）目的：掌握绘制装配图的方法与步骤，为识读机械图样以及零（部）件测绘打下基础。
（2）要求：恰当选择视图表达方案，标注必要的尺寸，编写零件序号，填写标题栏、明细表。

3. 作业提示
（1）用 A3 图幅绘制，比例 1：1。
（2）参阅台虎钳装配示意图，弄清工作原理，看懂全部零件图。
（3）注意装配图上的规定画法，如剖面线的画法。剖视图中某些零件按不剖画法，允许简化或省略的各种画法等。

工 作 原 理

台虎钳是用来夹紧工件以便进行加工的夹具。当顺时针方向转动手柄1时，螺杆3通过螺纹沿其轴线向右移动，从而推动活动钳身4右移夹紧工件；反之，当逆时针方向转动手柄1时，螺纹带动活动钳身左移，从而放松工件。

台虎钳装配示意图

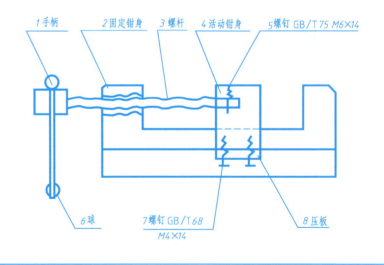

8-2 由台虎钳零件图拼画装配图（二）

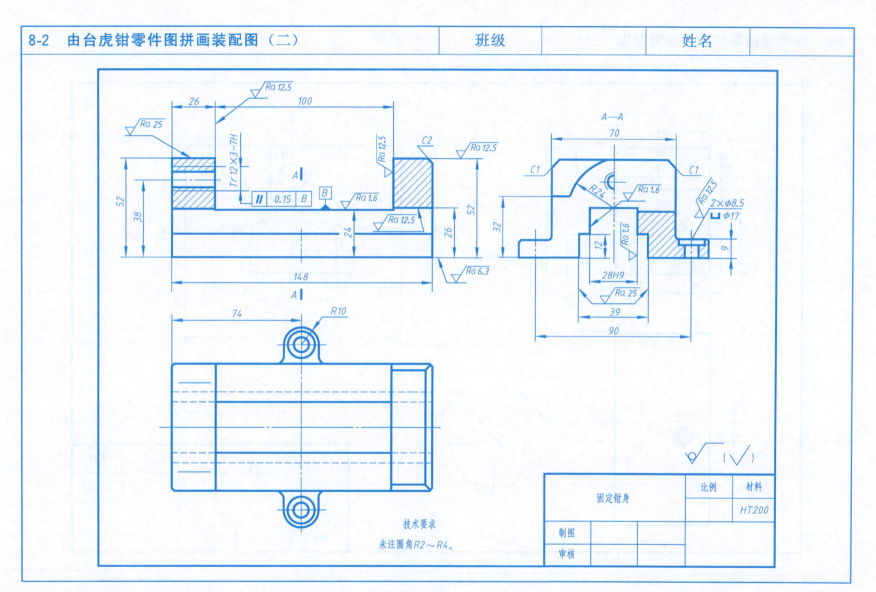

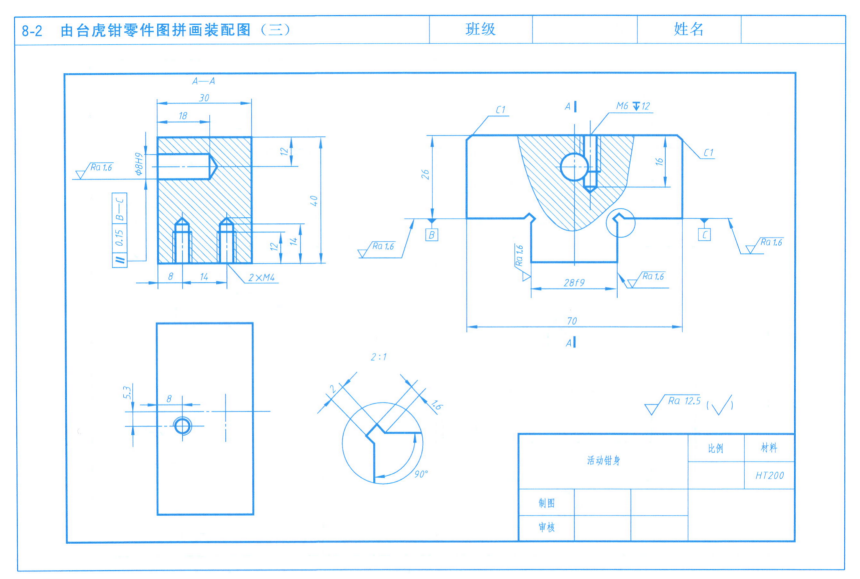

8-2　由台虎钳零件图拼画装配图（四）　　班级　　　姓名

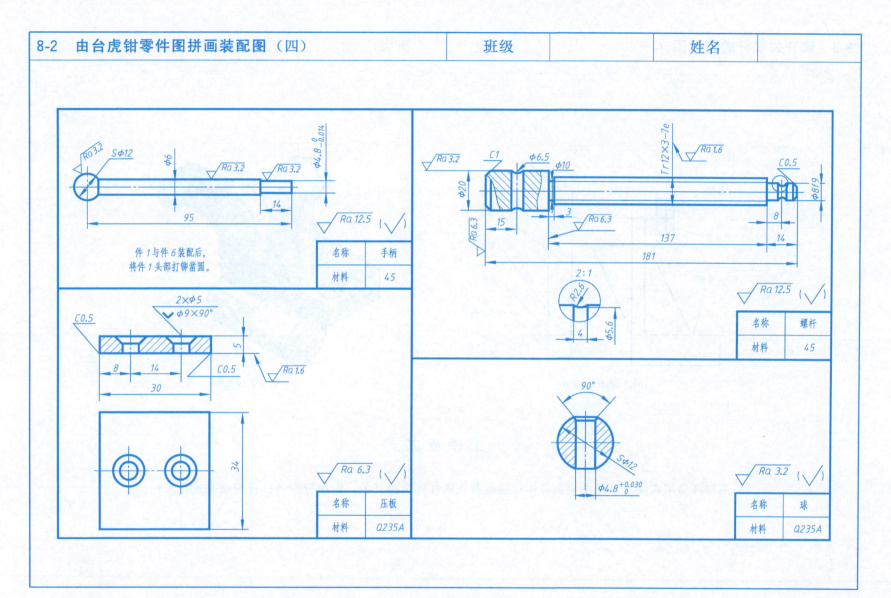

8-3　读开关杠杆的装配图（一）　　班级　　　姓名

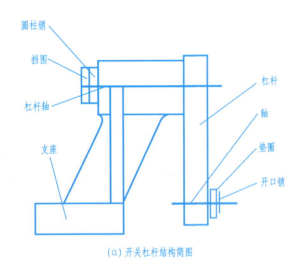

(a) 开关杠杆结构简图

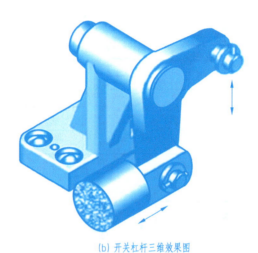

(b) 开关杠杆三维效果图

工 作 原 理

开关杠杆是用在液压系统中控制流体接通或截止的杠杆机构开关，由连杆带动杠杆摆动来进行工作。

8-3 读开关杠杆的装配图（二）　　班级　　　姓名

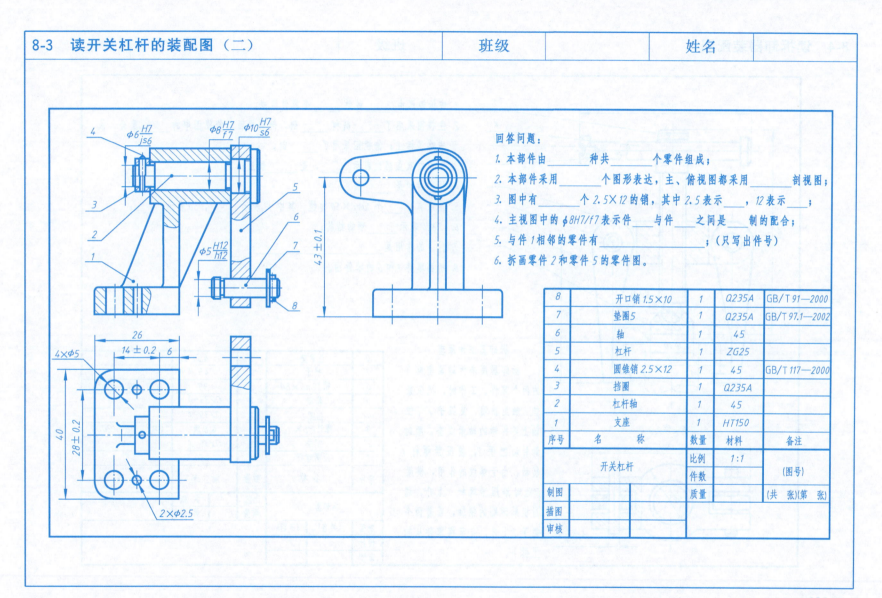

| 8-4 读拆卸器装配图 | 班级 | | 姓名 | |

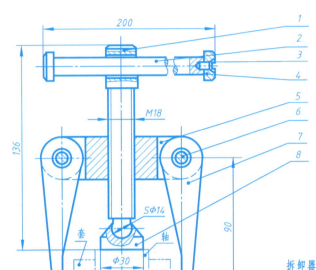

1. 该拆卸器由_____种共_____个零件组成。
2. 主视图采用了_____剖和_____剖，剖切平面与俯视图中的_____重合，故省略了标注；俯视图采用了_____剖。
3. 图中细双点画线表示_____，是_____画法；
4. 图中件2是_____画法；
5. 图中有_____个10m6×50的销，其中10表示_____，50表示_____；
6. $S\phi14$ 表示_____形的结构；
7. 件4的作用是_____；
8. 拆画零件1和5的零件图。

拆卸器工作原理

拆卸器用来拆卸紧密配合的两个零件。工作时，把压紧垫8触至轴端，使抓子7勾住轴上要拆卸的轴承或套，顺时针转动把手2，使压紧螺杆1转动，由于螺纹的作用，横梁5此时沿压紧螺杆1上升，通过横梁两端的销轴，带着两个抓子7上升，直至将零件从轴上拆下。

8	压紧垫	1	45	
7	抓子	2	45	
6	销10m6×50	2	35	GB/T 119.1—2000
5	横梁	1	Q235-A	
4	挡圈	1	Q235-A	
3	螺钉M5×8	1	4.8级	GB/T 68—2000
2	把手	1	Q235-A	
1	压紧螺杆	1	45	
序号	名 称	数量	材 料	备 注

拆卸器	比例	共 张
	质量	第 张
制图	(姓名)	(日期)
设计		
审核		

8-5 读钻模的装配图（一）

班级　　　　　姓名

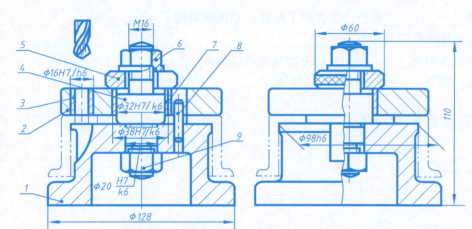

工作原理

钻模是用于加工工件（图中用细双点画线所示的部分）的夹具。把工件放在件 1 底座上，装上件 2 钻模板，钻模板通过件 8 圆柱销定位后，再放置件 5 开口垫圈，并用件 6 特制螺母压紧。钻头通过件 3 钻套的内孔，准确地在工件上钻孔。

9	螺母M16	1	8级	GB/T 6710—2000
8	圆柱销5m6×30	1	35	GB/T 119.1—2000
7	衬套	1	45	
6	特制螺母	1	35	
5	开口垫圈	1	45	
4	轴	1	45	
3	钻套	3	T8	
2	钻模板	1	45	
1	底座	1	HT150	
序号	名称	数量	材料	备注
钻模		比例	共10张	7-01
		质量	第1张	
制图				
设计				
审核				

| 8-5　读钻模的装配图（二） | | 班级 | | 姓名 | |

解答问题：

1. 该钻模由_____种共_____个零件组成。

2. 主视图采用了_____剖，剖切平面与俯视图中的_____重合，故省略了标注；左视图采用了_____剖。

3. 零件1底座的侧面有_____个弧形槽，与被钻孔工件定位的尺寸为_____。

4. 钻模板2上有_____个 φ16H7/h6 孔，件3的主要作用是_____；图中细双点画线表示_____，是_____画法。

5. φ32H7/k6 是件_____和件_____的配合尺寸，属于_____制配合，H7 表示_____的公差带代号，k 表示件_____的_____代号，7和6代表_____。

6. 三个孔钻完后，先松开_____，再取出_____，工件便可以拆下。

7. 与件1相邻的零件有_____。（只写出件号）

8. 钻模的外形尺寸：长_____、宽_____、高_____。

9. 拆画件4的零件图。

画轴的零件图

8-6 读汽车发动机活塞连杆总成装配图（一）

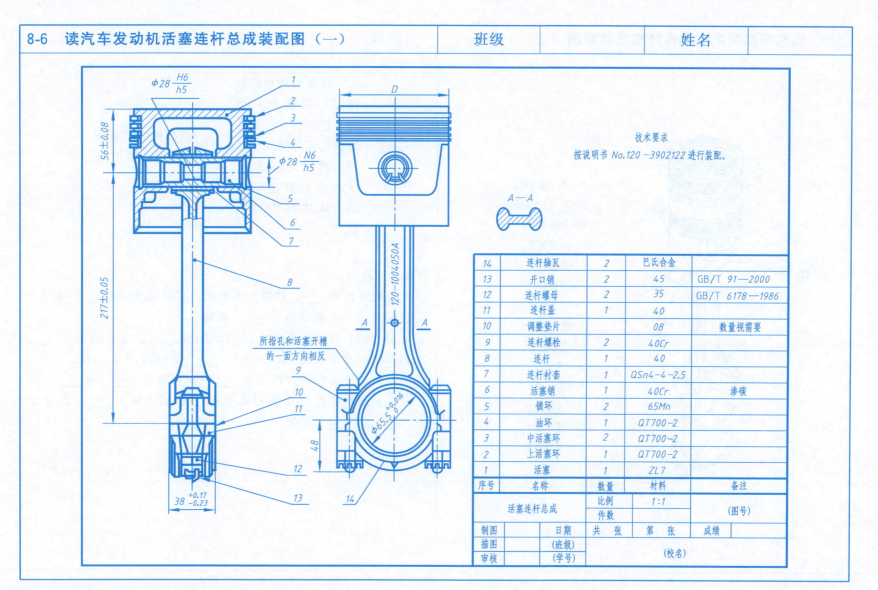

8-6 读汽车发动机活塞连杆总成装配图（二）

班级　　　　　姓名

1—第1道气环；
2—第2、3道气环；
3—油环刮片；
4—油环衬环；
5—活塞；
6—活塞销；
7—活塞销卡环；
8—连杆总成；
9—连杆衬套；
10—连杆；
11—连杆螺栓；
12—连杆盖；
13—连杆螺母；
14—连杆轴瓦

该部件的拆卸顺序是：先拆卸开口销、连杆螺母、连杆螺栓和连杆轴瓦，后用尖嘴钳夹出锁环，从活塞内打出活塞销，从连杆中打出铜套。

该部件的组装顺序与拆卸顺序正好相反。

回答下列问题：
1. 此装配图共有＿＿＿＿种零件所组成，其中标准件有＿＿＿＿种。
2. 装配图 A—A 处采用了＿＿＿＿画法。
3. 活塞销轴心到连杆大头中心的尺寸是＿＿＿＿，尺寸偏差＿＿＿＿。如果该尺寸加工成217.08mm，＿＿＿＿（是，不）合格。
4. 活塞销与座孔的配合尺寸是＿＿＿＿，它属于＿＿＿＿制＿＿＿＿配合。活塞销和连杆小头衬套孔的配合尺寸是＿＿＿＿，它属于＿＿＿＿制＿＿＿＿配合。

8-7 读球阀装配图（一）

班级　　　　　姓名

球阀的工作原理

球阀是用来切断或接通管路的装置，如下图所示。阀体与阀盖上都带有方形凸缘结构，用四个螺柱和螺母可将它们连接在一起，并用调整垫调节阀芯与密封圈之间的松紧。阀体上部阀杆上的凸块与阀芯上的凹槽榫接，为了密封，在阀体与阀杆之间装有填料，并旋入填料压压盖。

它的工作原理图。当扳手处于图所示位置时，阀门处于全部开启状态，此时流量最大；当扳手顺时针方向旋转时流量逐渐减少，旋转到90°时，阀门全部关闭，管道断流。

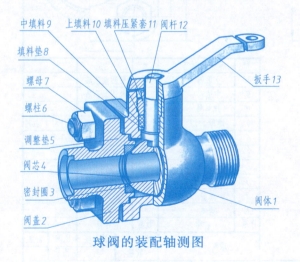

球阀的装配轴测图

回答下列问题：

1. 本部件采用_____个图形表达，主视图是采用_____得到的剖视图，并在件13上作了_____剖视。俯视图采用了_____剖视，细双点画线画法是装配图中的_____画法，表示件13在阀门_____的位置。

2. 主视图中的 $\phi50H11/h11$ 表示件___与件___上___结构之间的配合。

3. 阀盖2上相同的孔有_____个，其左端外螺纹代号为_____。

4. 欲拆下件12，必须按顺序拆出件_____。

5. 件3、9、10的作用是_____，件5是用来调整_____的松紧。

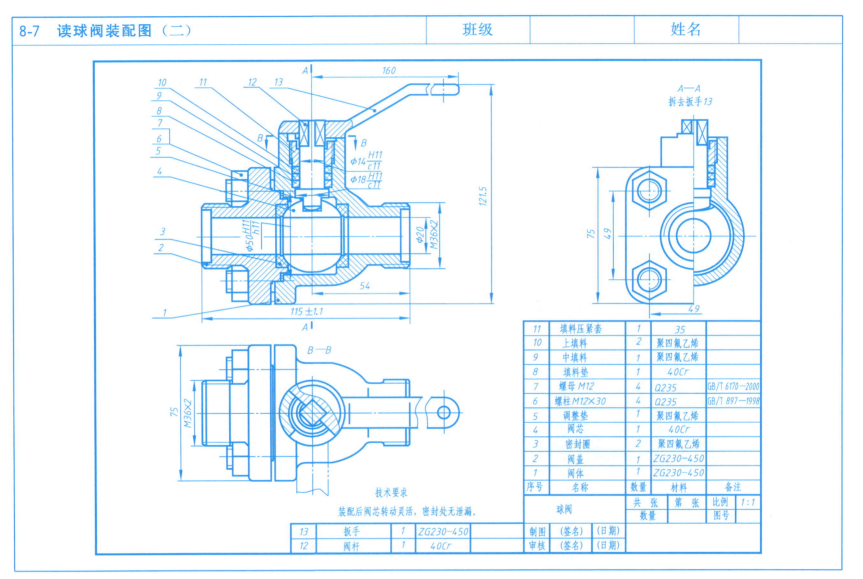

第 9 章 钣金图与焊接图

9-1 钣金展开图（二）　　　　班级　　　　姓名

1. 分别用直角三角形法、旋转法、换面法求一般位置线段实长。

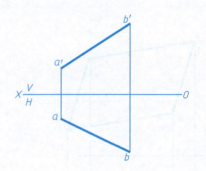 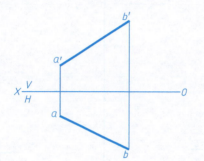 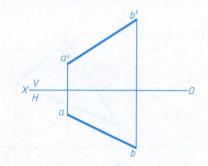

2. 已知直线 $EF=30$mm，完成线段 EF 的正面投影。

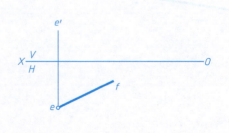

3. 已知直线与 V 面的倾角 $\beta=30°$，求直线 EF 的水平投影。

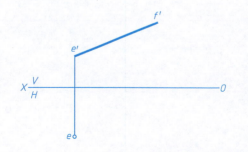

4. 已知直线 EF 的水平投影，Z 坐标差为 18mm，完成直线 EF 的正面投影。

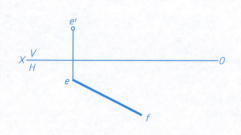

9-1 钣金展开图（二）

班级　　　　姓名

5. 求作△ABC 的实形。

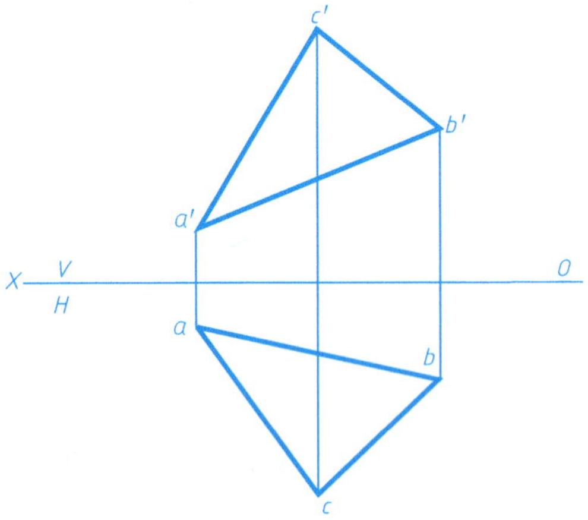

6. 求作平行四边形 ABCD 的实形。

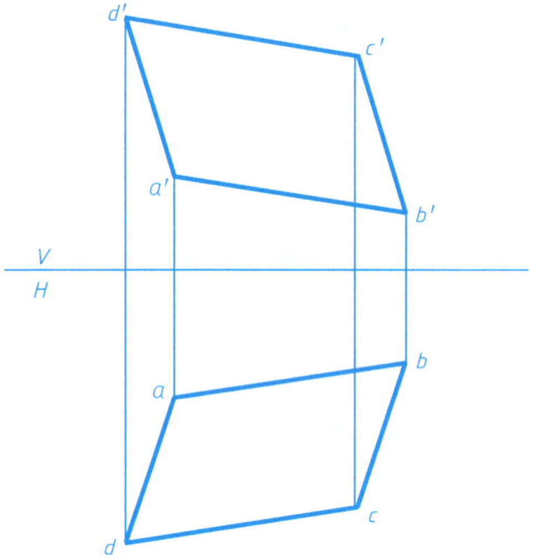

9-1 钣金展开图（三）

班级　　　　　姓名

7. 求作△ABC 的实形。

8. 求作△DEF 的实形。

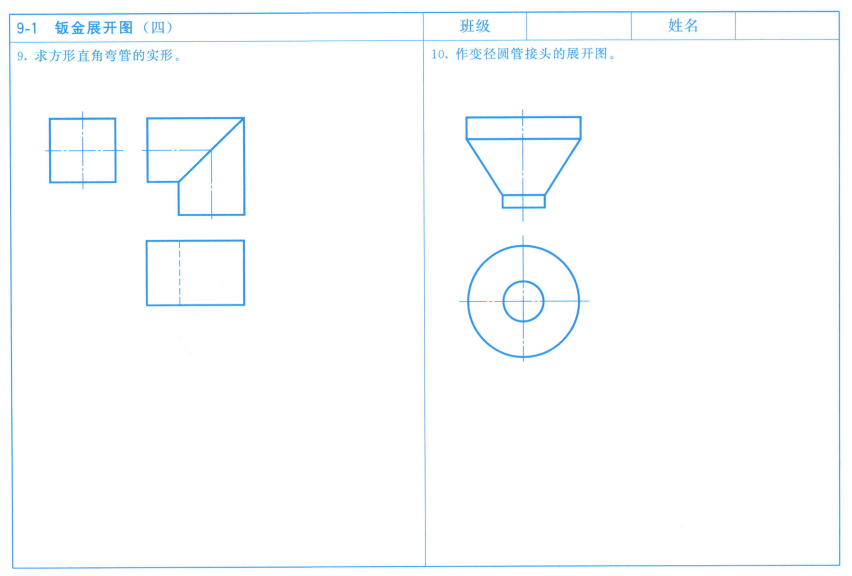

9-1 钣金展开图（五）

| | 校业 | 班级 | | 姓名 | 周教师 号 |

11. 作斜口变形接头的展开图。

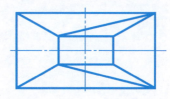

12. 作等径直角弯管的展开图。

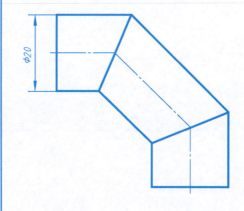

9-2 焊接图（一）

班级　　　　　姓名

1. 解释下列焊缝符号标注的含义。

(1) 60° V形焊缝，钝边3mm，焊缝长10mm，间距15mm，坡口角度60°，现场安装焊接，焊接方法代号111。

(2) 角焊缝，焊脚尺寸8mm，断续焊缝，焊缝段数4。

(3) 角焊缝，焊脚尺寸6mm，6段，每段长30mm，间距(1)。

(4) 封底焊缝配角焊缝，焊脚尺寸5mm，段数2。

(5) 塞焊缝，焊缝宽5mm，40段，间距(15)。

(6) 双面V形焊缝（X形），坡口角度60°，钝边2mm，上下焊缝尺寸均为2。

(7) 角焊缝（凹形），焊脚5mm，8段间距10mm。

(8) 角焊缝，焊脚尺寸5mm，三角形对称标注。

(9) 带垫板V形焊缝，坡口角度70°，钝边2mm，焊缝高2。

(10) 双面V形焊缝（X形），坡口角度60°，钝边2mm，上下尺寸均为2。

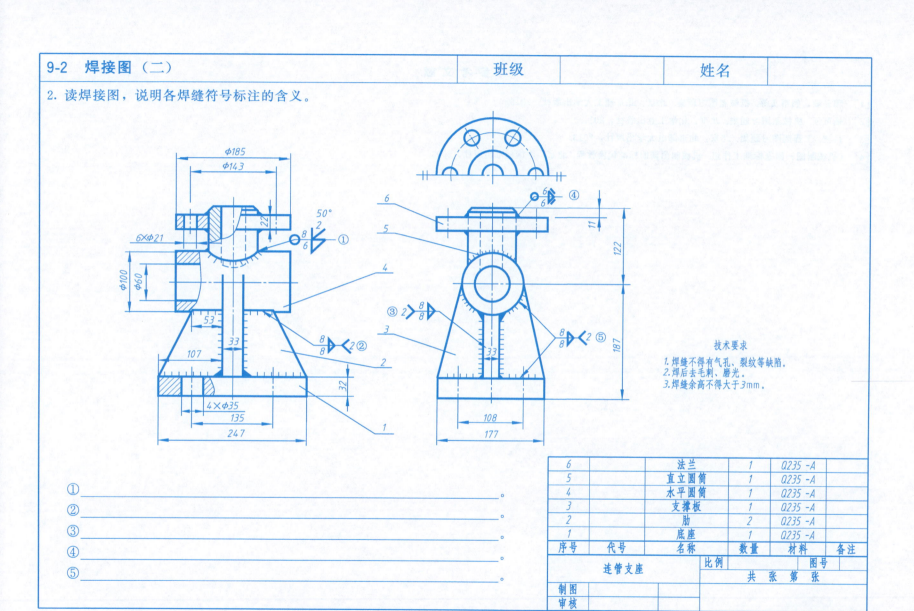

参 考 文 献

[1] 和云敏，熊裕文等. 机械制图习题集. 北京：北京理工大学出版社，2015.
[2] 钱可强. 机械制图习题集. 北京：化学工业出版社，2011.
[3] 吕波. 工程制图习题集. 北京：北京邮电大学出版社，2013.
[4] 《机械制图》国家标准工作组. 机械制图新旧标准代换教程. 北京：中国标准出版社，2003.